管理之道——高校学生教育管理

唐　珊　著

中国原子能出版社

图书在版编目(CIP)数据

管理之道:高校学生教育管理 / 唐珊著. —北京:
中国原子能出版社,2021.6（2024.1重印）
ISBN 978 -7 -5221 -1432 -3

Ⅰ. ①管…　Ⅱ. ①唐…　Ⅲ. ①高等学校 - 学生工作 - 教育管理 - 研究　Ⅳ. ①G645.5

中国版本图书馆 CIP 数据核字(2021)第 114477 号

管理之道——高校学生教育管理

出版发行　中国原子能出版社(北京市海淀区阜成路 43 号　100048)
责任编辑　胡晓彤
装帧设计　刘慧敏
责任校对　刘慧敏
责任印制　赵明
印　　刷　河北文盛印刷有限公司
经　　销　全国新华书店
开　　本　787 mm × 1092 mm　　1/16
印　　张　10.125
字　　数　174 千字
版　　次　2021 年 6 月第 1 版　2024 年 1 月第 2 次印刷
书　　号　ISBN 978 -7 -5221 -1432 -3　　**定　价**　58.00 元

网址:http://www.aep.com.cn　　E-mail:atomep123@126.com
发行电话:010 -68452845

前言 PREFACE

人类在进入21世纪以来，随着世界经济一体化、全球化趋势的增强，科技革命的迅猛发展，以及我国社会主义市场经济体制的不断完善，再加上高校内部自身的改革，这些新的情况正在使高校学生教育管理工作面临前所未有的挑战。作为与时俱进的高校学生教育管理工作，必须看到国际、国内形势变化与高等教育自身的变化，进而明确高校学生教育管理工作自身所面临的问题与任务。因此，在新课改背景下，高校学生教育管理必须坚持以人为本理念，加强管理创新，积极构建轻松、和谐的校园文化，尊重学生的个性发展。

本书从高校学生管理基础入手，对高校学生管理工作进行了探索，进而对高校教学管理及队伍建设进行了分析，并从高校大学生心理及就业管理两方面对高校大学生管理进行了剖析。同时对高校学生组织及高校学生管理制度的创新进行了探讨，最后，系统地阐述了信息化思维下高校学生管理创新。希望本书能够为读者在高校学生教育管理研究方面提供帮助。

在写作过程中，笔者参考了部分相关资料，获益良多。在此，谨向相关学者、师友表示衷心感谢。

由于水平所限，有关问题的研究还有待进一步深化、细化，书中不足之处欢迎广大读者批评指正。

作　者

2021年2月

目 录 CONTENTS

第一章　高校学生管理基础

第一节　高校学生管理工作概念

一、高校学生管理工作定义

从我国高等教育的实践出发，高校学生管理工作有狭义、中义和广义之分。狭义的高校学生管理工作仅包括学籍管理；中义的高校学生管理指学籍管理、思想管理及部分生活管理（如助学金、奖学金）；广义的高校学生管理工作囊括了学籍管理、思想管理及一切与学生生活有关的活动。本书所探讨的是高校学生管理工作的中义。

二、高校学生管理内涵

高校工作始终都是围绕着“育人”二字进行的，若想促使大学生全面发展与成才，完成历史赋予高校学生管理工作者的历史使命，就必须坚持“以学生为中心”。以学生为中心，就是要以学生为基础、以学生为本，把促进大学生全面发展作为出发点和最终的目的，关心、尊重、爱护他们，追求对他们本身的关怀及对学生身心的全面协调发展。高校学生管理工作中“以学生为中心”，即意味着学校不再单是负责满足学生学习知识的需要，同时还要关注学生其他的各个方面，使其成为全面复合型人才。这主要表现为以下几个方面：首先要彰显学生在高校中的主体地位，树立“把学生的事情时刻放心上”的思想，要求高校管理者处理所有问题都要从学生的角度出发，把学生健康茁壮地成长成才作为他们工作的宗旨。其次是注重发展学生全面协调的能力。“以学生为中心”这几个字不仅仅意味着单纯地满足学生对知识的需要，同时也要注重他们全面协调能力的发展。最后要注重培养大学生的可持续发展能力。高校应注重对学生实践能力等方面的培养，充分体现“可持续发展”这几个字，培养他们可持续发展的能力。

高校学生工作者应转变以前那种以学校为主体、以教育者为核心的思维方式，与时俱进地改变自己的角色，践行以学生为中心的科学管理理念，全心全意地为学生服务，为学生提供良好的环境、充沛的资源，使学生可以自由而全面地发展。高校学生管理部门要认真实践、不断探索、积极改进，尽可能满足学生接受优质服务的需求，真正将以学生为中心的理念落到实处。

科学的规章制度是实现以学生为中心的高校学生管理工作的重要保障，否则，学校的管理工作将会变成一盘散沙。目前，传统上的惩罚、教导与机械性的管理制度是不科学的，高校学生管理工作需要依赖一套科学的规章制度，以保障高校人性化管理的实施。做好以学生为中心的高校学生管理制度应包含以下几个方面：首先，应充分尊重学生的个性化自由，过多的不必要约束反而会起到反作用；其次，重视对学生的关爱及人文关怀；最后，重视学生的主观能动性和自我控制力。每个学生都是有自我意识的，应该让他们顺应自己的意识情感，而不是让他们被动地接受一切。只有学生管理工作的内容得到学生的心理认同，内化为学生的情感和认知时，才会改变他们原有的认知结构，建立起新的认知结构。总之，要努力使学生切身感受到高校管理制度的作用与好处，积极主动配合，使管理的规章制度成为学生的行动指南，从而提高高校学生管理制度的执行效率。

以学生为中心的高校学生管理不能仅仅靠学校管理者制定制度，还需要学生进行自我管理和自我教育，充分发挥学生的主观能动性，让学生充满激情，积极主动地参与管理。苏霍姆林斯基曾说，“只有能够激发学生去进行自我教育的教育，才是真正的教育”。学生不仅是高校管理工作的对象，更是主体和动力，必须依靠学生才能完成管理的各项任务。这种自我管理、自我教育的新方法，不仅能够充分发挥学生的积极创造性和主观能动性，而且还可以培养学生的自我控制和自我管理能力，促使学生能够遵循自己的兴趣爱好和人生规化来完善自己，进而自由地全面发展自己。

第二节　高校学生管理内容与方法

一、高校学生管理内容

（一）贯彻以人为本，实现管理理念科学化

目前，大学生年龄一般都在十八岁以上，个性已渐趋成熟，对自己的行为已经

负有责任能力。因此，在高校的学生管理工作中应当以学生为本，既把他们作为被管理者，又要把他们看作管理者，把高校学生当作一个完整的人来看待。以学生为根本，实现管理理念科学化，必须做到：①鼓励学生积极参与学生管理工作，改变学生在学生管理工作中从属和被动的地位。各职能部门应尊重他们的意见，比如，可以定期举行学生代表教务座谈会、学生代表后勤服务座谈会，可以利用各种调查问卷了解真实情况，设立专门的意见箱、电子邮箱听取学生对于教学、生活等方面的意见和建议，并认真考虑他们的意见和建议，做到及时反馈、及时调整、不断完善。②坚持以人为本、以学生为本，就要针对不同成长环境的学生，采用不同的管理方式，区别对待。比如，辅导员在做贫困生工作时要尤其注意他们的自尊心，对于不同性格的贫困生因人而异地采取不同的方式。③引导学生自己参与学生管理。学校的任务就是使各项管理制度健全而严格，学校、辅导员、任课教师、学生相互之间责、权、利明确，学生管理工作人员按照规章制度要求学生，抓大放小；学生处组织学生成立学生会、办社团，让学生会、社团在学生管理上充分发挥作用。

（二）以学校为主导，推行学生管理社会化

在现代社会中，单纯依靠学校的管理教育是不够的，应建立以学校在学生管理工作中的主导地位，推行学生管理社会化，开展全方位和立体的高校学生管理工作系统。高校公寓、食堂正在逐步实行社会化改革，在这一过程中，后勤部门应按照学校的要求，对承担公寓、食堂工作的单位和个人明确责、权、利，并以制度形式确定下来，要求其配合学校各部门管理好学生。同时，辅导员也应看到学生家长在学生管理上有着不可替代的作用，要与学生家长沟通，及时反映其子女的在校情况，共同想办法管理好学生。

（三）实行层次化和个性化管理

大学生管理是一项复杂的系统工程，既要对不同年级学生采取不同的管理模式，也要对同一年级的不同学生采取不同的管理模式。对刚刚入学的大一新生来说，最重要的就是养成教育，要严格要求他们，规范他们的日常行为。任课教师要严格考勤制度，经常点名，杜绝学生上课迟到、早退、旷课等现象，发现问题及时与辅导员联系。辅导员、教务处在早操、晚自习等细节处要抓紧、抓牢，让学生养成良好的习惯。对于大三、大四的学生，任课教师及辅导员应该注重

学生实际操作能力的培养，在管理上应以引导为主，宽严相济，相信学生的自我管理能力。对不同的学生应取不同的管理方式，应根据他们不同的个性，不同的兴趣、爱好和特长，不同的发展方向实行个性化管理，真正将学生培养成为社会急需的人才。

（四）充分运用现代科技手段，增强管理效果

在科学技术迅速发展的今天，信息网络已经成为学生日常生活的一部分。如今，任课教师、辅导员可以通过手机将信息告知学生、与学生交流思想。计算机在学校各管理部门得到了普遍应用。网络以其传播快、互动性强，获取、发布信息便捷等不可替代的优越性，给新形势下高校学生管理工作带来了巨大的历史机遇。例如，学生管理者可以利用学校网站及时公布校园新闻、校园活动、规章制度，让学生在第一时间了解校园动态。不仅如此，通过充分发挥网络的互动特性，学校各职能部门，尤其是后勤、教务等部门，可以在网上征询学生对服务、对教学等的反馈意见、建议，便于更好地为学生服务。

（五）注重对大学生进行情绪管理教育

情绪管理就是善于掌握自我，善于调节情绪，对生活中矛盾和事件引起的反应能适度地排解，能以乐观的态度、幽默的情趣及时地缓解紧张的心理状态。大学生年龄一般在20岁左右，长期的学习生涯，使他们未能真正接触社会，同时由于现在很多大学生是独生子女，因此在生活中很容易产生挫折体验，心理上容易产生消极的情绪，比如自卑、孤独、焦虑、抑郁、冲动、易怒等，如果不懂得如何控制，将严重影响他们的学习、生活及人际交往。因此，辅导员或者心理健康辅导老师在大学生管理中应注重情绪管理教育，教育学生学会控制情绪，学会调节情绪。社会上，在与别人的交往中，不可避免地会发生一些令自己不愉快的事情，这时就要迅速调节自己的情绪，让自己尽快从消极情绪中解脱出来。

（六）把管理理念、管理制度等融入大学生日常行为的考核框架中

在当前社会环境下，学生管理工作难度越来越大，既要管理好，又要注重方式方法的选择，避免伤害他们的自尊心，尊重他们个性的发展，与他们平等相处，又要关注他们的正当权利等。如何解决这一困境，唯有建立健全良好的日

常行为考核和评价机制。没有考核,就没有约束。在日常管理中,任课教师要把学生平时上课时的纪律遵守情况作为平时成绩,计入期中、期末考试成绩。辅导员要把学生平时的遵纪守法、集体观念、劳动观念、文明举止等方面的表现与班委选举、学生会竞选、奖学金评定、助学金评定、三好学生评选、入党和毕业分配等联系起来。过程管理和目标管理的有机结合,可以有效调动广大学生自我教育、自我管理、自我发展、自我完善的积极性,大大降低学生管理工作的难度。

二、高校学生管理工作的方法

(一)确定"以学生为本"的学生管理工作重心

高校作为知识和文化传播的阵地是大学生全面发展和综合提高的主要场所。高校学生管理工作必须确立"以学生为本"的工作重心,将学生真正看作是可发展、可教育的主体,将管理工作转化为为学生发展服务,理解和尊重学生的需要,树立关心和服务学生的思想,改变以往不适合学生特点的管理方式,增强大学生自信心、自主、独立和民主意识,真正将管理工作的重心转向"以学生为本"。

(二)创新高校学生管理工作的体制

学生管理是对在校大学生的全方位管理,内容比较广泛,涉及学校的多个部门,需要各部门协调一致,理顺关系,形成合力,以应对学生管理面临的新问题。一是要加强学生工作机构的建设,强化其组织协调功能,建立健全责任制,做到责任到岗,责任到人,责、权、利相统一;二是适当放权,发挥基层作用,校、院(系)、班三级共同担负对学生进行思想教育和行政管理双重任务,既要赋予学院(系)开展学生管理工作的职责,又要让其拥有开展学生管理工作所需要的权力,做到责权统一,及时发现问题,及时教育处理,提高实效性;三是进一步推行校、院(系)层面学生工作体制的党政融洽,协调统一;四是实行年级辅导员制,与学分制相适应。强化以学院(系)为单位的年级管理,进一步增强班级管理、专业教学之间的融合力度。

(三)突出高校学生管理工作的学风建设

优良的学风是衡量学校教育教学质量的重要标志之一,更是学生管理工作的重点。高校学生工作应突出学风建设的主旋律,努力把学风建设作为学生工作的切入点和着力点,为社会培养大批的高素质的合格人才。一方面,积极发挥教师和教风在学风建设中的引导作用,在进一步提倡每位教职工在各自岗位上教书育人、管理育人、服务育人的基础上,坚持班主任、辅导员、学生导师在学风建设中的主导地位,加强他们在学风建设中的指导作用。另一方面,坚持学生在学风建设中的主体地位。发挥全体学生自我教育、自我发展、自我约束作用,建立较完整的激励导向和纪律约束机制,以市场需要、择业需要、成才需要来激发大学生的学习动力,把学习—增知—就业紧密联系在一起,把学习—成长—成才紧密结合在一起。

(四)加强高校学生管理的服务意识

学生是学校的主体,学生管理既是对人的管理,也是对人的培养。教育、管理、服务是学生工作的三大主题。传统的学生工作大多以管理为主,教育、服务功能相对薄弱。学生工作者要转变思想观念,强化服务意识,自觉为学生做好各方面的服务工作。从当前高等教育的发展特点来看,学生工作中必须突出服务的地位,构建起全方位的学生成才服务体系,为学生的成长、成才创造各种有利条件。

高校做好学生管理工作对高校本身、教师和学生意义重大,新形势下应该从社会、高校、学生和各种影响因素分析出发,结合高校学生的需要和发展的特点,将管理工作做实做好,有力地保证学生知识的积累、能力的提高和综合素质的发展。

第二章 高校学生管理工作的探索创新

第一节 高校学生管理工作理念的探索创新

一、高校学生管理工作理念创新的意义

创新是一个民族进步的灵魂，是国家兴旺发达的不竭动力。为了实现中华民族的伟大复兴和完成社会主义教育事业的历史任务，必须不断推进包括高校学生管理工作在内的教育创新。

（一）高校教育创新是时代发展的要求

当今世界，科学技术突飞猛进，知识经济已见端倪，国际竞争日趋激烈。人类社会发展到今天，相对于物质资源，人力资源成了第一资源；相对于人口数量，提高人口素质成了第一要务；在人的素质中，创新精神和实践能力是其重点。科学技术进步，越来越依赖于科技创新；知识经济发展，越来越依赖于知识创新；国际竞争"说到底，是人才的竞争，是民族创新能力的竞争"。无论是科技创新、知识创新，还是民族创新能力的提高，最关键的是人才。而人才的成长靠教育，其中高校教育是非常重要的阶段。高校可以说是培养高素质人才的重要基地，进行教育创新从而适应时代对人才的需求，这对高校而言无疑将具有非常重要的意义。

（二）高校教育创新是社会主义现代化建设的需要

目前，我国已经进入全面建成小康社会、加快推进社会主义现代化的新阶段。在21世纪新阶段，面对新形势、新任务、新问题，最根本的是坚持体制创新，大力推进经济体制、政治体制和文化体制改革，逐步消除经济、政治和文化建设的体制性障碍，为经济、政治和文化发展注入新的活力。而体制的创新，取决于理论创新和人的创新精神和能力，最终取决于创新人才的培养。高校教育是知识创新、传播和应用的重要基地，也是培育创新精神和创新人才的重要摇篮。无论在培养高素质的专业人才方面，还是在提高创新能力和提供知识、技术创新成果方面，高校

教育都具有独特的重要意义。高校承载着人才培养与输出的重大职责，只有不断推进教育创新，才能为我国的现代化建设提供更多的富有创新能力的人才。

（三）高校教育创新也是高校教育自身发展规律的必然要求

高等教育毛入学率已接近大众化水平，高等教育已迈入大众化阶段，高校管理体制和后勤社会化改革取得了突破性进展，教育质量和办学效益不断提高。这些都是高校教育改革创新的结果。但是，我国高校教育与发达国家水平相比还有较大差距，与社会主义现代化建设需要相比还有较大差距。我们的高等教育思想、教育体制和结构、教育内容和方法与社会主义市场经济体制不相适应的矛盾和问题，正在日益暴露出来。这其中，既有不少过去从未遇到过的新问题，也有一些无法回避的深层次矛盾。解决这些问题和矛盾，没有资料可找，没有现成的经验和方法，根本的出路在创新。

二、高校学生管理工作理念创新的重点方向

（一）高校学生管理工作应秉持以人为本的理念

从人类精神解放或人的精神发展过程来看，以人为本是人本主义思想发展的较高层次。人本主义思想的发展经历了超越自然（神）本位、超越人伦本位和以人为本三个层次。在超越自然（神）本位层次，人类相对摆脱了自然（神）的束缚，开始看重和强调人类本身，确立了人类的优越和中心地位，人类获得了相对的自由。在超越人伦本位层次，个人相对摆脱了传统人伦文化的束缚，开始看重和强调个体的价值，确立个体的人身地位，从而获得了个体的相对平等和自由。在以人为本层次，个人相对摆脱了自身的束缚，开始注重个体的异化，在不断否定自己的过程中，使自身的肉体和精神相对分离，个体获得了精神异化的相对自由。因此，它同以人群为本位而脱离自然（神）束缚，从而重视整体人群的价值不同，它是以个体为本位，要求个体摆脱人伦文化的束缚，强调个体间的自由与平等，强调一种以充分发挥个人价值的“个性主义”为原则。

1. 高校学生管理工作中人本理念的含义

高校学生管理工作中的人本理念就是以“以学生为本”的理念，即要进一步强

调大学生在学生工作中的重要地位，进一步加强对学生的教育、管理、指导和服务，为学生的健康成长和全面发展创造条件、营造氛围；要调动学生的积极性、主动性和创造性，强化其在教育过程中的主体作用，发挥其自我教育、自我管理、自我服务的作用；要了解学生、尊重学生、理解学生和信任学生。同时，我们又必须明确，坚持“以学生为本”，不但不能放弃，而且更应加强教师的主导作用。学生始终是受教育者，尊重受教育者在教育过程中的主体作用并不是意味着要放弃管理者在教育过程中的主导作用，学生工作者始终负有教育、管理、指导、服务学生的责任，我们坚持“以学生为本”，就是要把这种教育、管理和引导的作用发挥得更好、更到位、更有利于学生的健康成长和全面发展。坚持“以学生为本”，不但不能弱化，而且更应强化对学生的管理。以学生为本并不意味着迁就学生，让学生放任自流，无所顾忌，而是对我们的管理工作提出了更高的要求，要用更科学的方法管理学生，以保证学生沿着健康的轨道成长和发展。

坚持“以学生为本”，要求我们明确学生工作的任务就是要努力为学生的健康成长和全面发展创造条件，营造氛围。高等学校的根本任务是育人，作为高校基础工作的学生工作，它的最根本的问题就是学生的发展问题，就是确立更佳的目标、创造更好的条件、采取更好的措施，为学生的健康成长和全面发展提供教育、管理、指导和服务。对学生工作而言，就要围绕学校人才培养目标，着眼于德的教育、生理健康和心理健康的要求、创新精神和社会适应能力的要求等方面，既突出创新精神和实践能力的培养，又全面体现素质教育的要求，在第二课堂上下功夫，在指导和服务上做文章，努力为学生的健康成长和全面发展创造条件，营造氛围，促进学生成为全面发展的能适应社会需要的人才。

坚持“以学生为本”，就要求我们把学风建设作为学生工作的切入点。学生的根本任务是成长和发展，成长和发展的重点是学习，尤其是专业知识的学习。学生工作为学生的成长和发展服务就是要创造良好的学习环境，学风建设是创造这种环境的重要内容，抓学风建设体现“以学生为本”的切入点和着眼点，以此可以防止把学生工作与教学工作等其他工作相割裂的现象，避免出现“两张皮”的局面，切实有效地服从和服务于学校的中心工作。

坚持“以学生为本”，要求我们强化对学生的指导和服务。学生工作要从教育、管理为主的工作模式转变到在加强教育、管理的同时，强化指导和服务的新格局上来，着力构筑指导、服务学生的工作体系，这既是“以学生为本”的工作理念的体现，也是满足学生多样化需求的必然要求。学生工作要注重科学化管理，实现日常管理的制度化和规范化。学生工作要注重学生的自我教育，自我教育是教育的最佳方式和最终目的，但在学生的自我教育的过程中要加强引导。学生工作要加强指导和服务，帮助学生解决各方面的具体困难。

坚持“以学生为本”，就要求我们着力推进全员育人局面的形成。首先要明确在教学科研并重型大学里学生工作与教学工作、科研工作、后勤工作的关系，要认识到学生工作不是一项孤立的工作，而是与三者紧密联系在一起的。教学、科研和后勤工作中都有育人的任务，要继续强调“教书育人、管理育人、服务育人”，调动全校教职员工的育人积极性。同时，要实行系（部）主任负责制，系（部）主任要对所在系的工作负全面责任，其中很重要的一个方面就是对学生工作负责，既要关心学生工作，更要直接参与学生工作。专职学生工作者的基本职责是学生的日常思想教育、学生行政管理、对学生的指导和服务、主持学生中的党团工作，他们要在全员育人的环境下做更多更扎实的工作，发挥更大的作用，并且要带动广大学生自我教育、自我管理和自我服务。在条件成熟时还要将学校育人与社会育人、家庭育人更紧密地结合起来，形成更广泛的全员育人的局面。

2.“以人为本”理念是高校学生管理工作创新的灵魂和核心

首先，贯彻“以人为本”的工作理念是形势所趋。从高等教育自身的发展来看，在计划经济时代，学校代表国家为学生提供福利性质的教育，学校和学生之间是教育与被教育的关系。随着高等教育改革的不断深化，学生和国家对教育费用实行成本分担，学生由单纯的享受国家福利变成了自身教育的投资者，学校和学生在一定程度上形成了经济学意义上的服务与被服务的关系。学生缴费上学，学校提供教育服务。高校是培养社会主义建设所需的各种人才的重要基地。可以设想，如果高校的学生管理工作不能体现“以人为本”的宗旨，那么社会就失去了人才上的保障。因此说在这样一种大环境下，在高等教育中贯彻“以人为本”的教育理念不仅有着充分的社会基础，也是社会形势向高等教育提出的新要求。

其次，贯彻“以人为本”的学生管理工作理念是学生管理工作的内在要求。有些学生管理工作者往往把学生管理工作理解为要“管住”学生，理解为通过外部强制作用规范学生的日常行为。这种工作理念严重限制了学生管理工作的开展范围和工作效果，甚至违背了学生管理工作的根本目的。过去我们过分地强调学生管理工作的行政任务，而忽视受教育者的主体价值；强调思想统一，而忽视大学生们的个性培养。思想道德素质的培养其实是一个人格创新过程，包含着思维能力、判断能力和实践能力的训练过程。这个过程是由主体完成的，外在的因素只是起到引导、启发作用。过去有些人把学生管理工作的目的理解成要把大学生们变成思想上无差别的个体，要求学生们整齐划一，这种工作理念必然导致采取家长式的工作方式。在这种工作理念指导下的学生管理工作不仅在本质上偏离了学生管理工作的根本目的，而且也不能在现实的工作中适应大学生们的具体情况。因此学生管理工作必须在理念上进行转变，要充分认识到学生管理工作的目的在于提高学生的思想教育水平、价值判断能力和道德品质修养，这就决定了学生管理工作必须获得学生们的主动参与，而只有在工作中最大限度地体现“以人为本”的工作理念，才能达到激发学生主动性、发挥主体能动性的目的。

最后，学生管理工作和思想教育相结合是贯彻“以人为本”工作理念的必要手段。贯彻“以人为本”的工作理念，要积极推动思想教育与学生管理相结合，在通过规章制度等约束人的行为的同时，把思想教育工作的柔性导向融入其中，把自律与他律结合起来。没有思想教育的学生管理是简单粗暴的，没有学生管理的思想教育是软弱无力的。过去我们的思想教育工作没有很好地把握和处理教育与管理的关系，使得思想教育失去了管理的依托，使得学生管理失去了其教育人的内涵，忽视了对大学生的主体性价值的尊重，从而削弱了思想教育工作的有效性。在新形势下，高校要坚持“立足于教育、辅之以管理、寓教育于管理”的思想教育工作原则，通过将教育落实到管理中，把管理上升为教育，使得两者相得益彰，互补互促，以达到塑造人、引导人、规范人的目的。

传统的学生管理工作比较强调灌输，普遍采取管理者集中式教育的方式，这样容易造成学生实践体验和独立思考能力的弱化。学生管理工作者应树立以学生为中心的工作观念，注重学生的独立思考和自我教育，根据学生成长的内在需要和规律，重视大学生所接受的信息的复杂性，在引导的基础上努力实现学生对教育过程的主动参与，在参与中发挥其主体能动性，真正达到确立正确的世界观、人生观的目的。同时，学生管理工作内容上的创新和形式上的创新是分不开的。一种新的工作理念的实行、一种新的工作方法的运用，都需要在工作内容上进行相应的调整，而一种新的工作内容往往也就意味着新的工作方法的引入。

3. 高校学生管理工作中人本理念的基本要求

在高校学生管理工作中真正贯彻人本理念，就一定要切实地尊重学生、关心学生、培养学生、激励学生、服务学生，把培养学生健康成长和最终成才，把促进学生全面发展作为学生管理工作的根本目标。

首先，要尊重和信任学生。以人为本的核心就是管理者对人的尊重和信任。尊重和信任学生，就是充分尊重学生的人格、自由、权利，尊重学生的独立性和创造性，要积极地、有意识地鼓励和引导学生自己去摸索，让学生学会学习。这里的尊重与信任，并不是在管理上对学生不理不管，放任自由，而是以一种更积极认真的态度，把参与管理变为学生自身的一种需求，充分信任学生的自我管理能力、自律能力和相互协调能力，以激发学生学习和生活的热情，在尊重信任学生的基础上体现严格要求。管理者在与学生的交往过程中，应该成为学生的良师，对学生进行思想品德教育和行为准则教育，教会学生如何做人；同时还应成为学生的益友，在学习和生活上指导学生健康成长，帮助学生解决实际困难，维护学生的合法权益。这种良师与益友的关系在很多场合是交织在一起的，贯穿于学生管理工作的整个过程。

其次，要关心和爱护学生。要针对学生的特点，采取适应学生的有效措施，主动关心学生在学习中遇到的困难，及时为学生提供指导与帮助；关心学生的身心健康，经常与学生谈心，解除学生的一些思想负担，积极组织开展多种文体活动；关心学生的生活困难，掌握贫困生的情况，帮助学生克服解决一些实际困难。关心学生的权利，在奖学金评定、评选先进、选拔学生干部、发展党员等方面增加工作的透明度，并力求做到公正、公平、公开。

最后，要培养和激励学生。学生管理最重要的任务是提高人的综合素质，而人的素质是在社会实践和教育中逐步发展和成熟起来的。通过教育，不断提高人的思想道德素质、科学文化素质和健康素质是管理工作的主要任务。因此全面提高人的素质，对学生不断进行培养和教育，就必然成为学生管理活动的一项重要内容。实行辅导员助理制，在高年级培养选拔一批思想素质好、专业基础扎实、富有责任心的学生作为低年级学生的辅导老师，培养他们成为低年级学生学习上的指导者、生活上的辅导者、思想上的引路者、人生中的影响者，使之在实践中不断充实自己、提高自己、丰富自己、完善自己。在学生管理过程中，灵活多样地运用各种适当的激励方式，对学生工作显得尤为重要。美国著名心理学家马斯洛认为，人是自然人与社会人的混合体，作为自然人他们有生理的需要、安全的需要，作为社会人他们有社交的需要、尊重的需要和自我实现的需要。要通过采取适当的激励措施来满足各种不同层次的需要，要根据不同的情况、不同的对象采取不同的激励方式，尤其要注意满足作为社会人的社交、尊重和自我实现方面的需要。

要通过构建激励机制，努力去满足学生不同层次的需求。

(二)高校学生管理工作应秉持契约理念

1. 引入契约理念的必要性

在我国，随着高等教育大众化时代的来临，传统的凭借高校权威实施学生管理的模式，已不适应我国高等教育的发展。高等教育收费制度及现代民主法制社会的建立，使高校与学生的关系发生了质的变化。学生开始缴费上学，虽然学生所交纳的学费并不足以抵消平均培养成本，但这已使高等学校与学生的关系由过去单一的纵向行政关系转变为包括花钱购买教育服务的消费关系在内的多重法律关系。学生的权利被强调和重视，学生已成为教育法律关系中独立的重要主体，这些都要求高校对学生的管理方式也应发生相应的变革。基于高校与学生法律关系在性质上的变化，契约式管理也应采取不同的形式，并严格遵守不同形式契约的原则。在校方提供教育服务和生活服务的过程中，高校与学生之间存在平等的民事法律关系，比如，高校与学生之间存在一定的民事合同关系。学生的报考和高校的招录，相当于合同缔结中的要约与承诺；学生入学，要向校方缴纳学费，作为回报，校方应提供一定质量的教育和生活服务。在学生付费，学校及其内部机构提供服务的领域，学校与学生地位平等，若有违约则必须承担法律责任。另外，学校的内部事务管理不能侵犯学生的财产或人身权利等。学生身份的消费者性质，要求高校，特别是公立高校，作为教育公共部门，要提供相应的公共服务及其物质条件，其中包括承诺的教育水准、充分的校园安全、足够的教学设备、良好的学习与生活条件等。在高校提供的生活服务领域，高校不应以管理者的姿态侵犯学生作为消费者的权利。

高校和学生之间的民事服务关系，是一种平等的民事契约关系。学生享有完全的自由、平等权利，有权要求学校提供高质量的服务。例如，高校在收取学生缴纳的诸如学费、住宿、生活用品、网络服务、餐饮等方面的费用后有义务按承诺提供相应的产品与服务。高校在特定范围内，特别是在确立、变更、终止民事权利与义务关系的领域，如高校提供住宿、学生交纳费用，学生提供一定劳务、学校支付一定劳务费等，通过高校或高校职能部门与学生之间订立民事契约，达成一定目标，已成为世界各国普遍采纳的方式。从同为民事主体的角度来看，学校和学生之间应该是一种平等的关系，双方都对对方既有权利又有义务。学校在拥有对学生的管理权的同时，学生也拥有维护自己权益的权利。学校不再拥有绝对的权威，学生也不再是完全的被管理者，二者之间具有平等的地位。目前，很多高校已开始通过与学生订立合同的方式实施学生的宿舍管理、餐饮管理、网络使用管理、付费使用的校园资源管理等。

与此同时，在学籍、学位、考试评估、教育教学秩序维护等教育教学管理领域，高校与学生之间存在行政法律关系。依据我国法律规定，经法律法规授权的社会组织，可以成为我国行政关系中的行政主体，拥有一定行政职权的就属于这一类行政管理者，依据有关教育法的授权，可以对学生进行教学管理，做出奖励或惩罚，并自主决定是否对学生颁发毕业证或学位证。在这些活动中，双方之间并不具有平等的地位，是一种强制性的命令与服从的关系。因此，从理论上可以认为，这种关系属于一种特殊的公法上的行政关系。

高校与学生行政契约关系的建立，使学生可以真正参与到高校事务中来，体现学生的主体地位，不仅可以减少潜在冲突的发生，而且可以改善高校与学生的关系，建立彼此合作、相互依赖、相互尊重、平等对话的良性互动关系和双方主体间的伙伴关系。契约的应用与缔结，使高校与学生在契约的维持下保持持续、稳定的协作关系，有利于学校秩序的稳固化。

2. 契约理念的基本要求

高校与学生之间契约的本质，既是高校用来维护教育教学秩序的手段，又是学生对高校权力进行限制的方式，这对高校及高校学生管理工作者提出了新的要求。首先，要求高校平等对待学生。把契约的平等精神引入教育行政领域，让学生在与学校具有平等地位的前提下商议教育行政目标的达成，使教育行政减少不平等与特权性的因素。契约的基础是双方主体地位平等、协商一致，契约的形成过程是民主的过程，契约充分体现了民主的本质与特性。现代行政本质上以民主宪政为基础，强调公民权利、人格尊严、社会公正与社会责任，重视公民的参与，充分体现了契约的精神。现代教育行政在法律授权的前提下，具有裁量性、能动性，在学生管理中引入契约理念，不仅与依法行政具有相容性，而且可以凭借契约手段灵活应对学生管理中出现的复杂、动态和难以预见的问题。其次，要求高校尊重相对人意志。把契约的自治精神引入教育行政，使学生有选择的权利，进行商议的过程也是其利益权衡的过程，选择是契约精神中的应有之义。通过选择建立沟通渠道，这也是行政契约最突出的优点和功能。而一般行政行为缺乏沟通功能。契约作为一种制度、观念、方法已在行政运行秩序中得以建立、吸收和广泛应用。最后，要求高校重视学生的权利。在行政契约中同样有相对人——学生的权利。通过行政契约使高校更加尊重学生权利，同时通过学生权利的实现来制约高校的权力。考虑到高校权力制约的需要及高校与学生之间的行政契约关系的特殊性，在高校与学生之间行政契约的缔结过程中，应有以下几个方面的限制：一是职权限制。高校必须在法律赋予的职权范围内缔结行政契约，不得越权行政。二是法律限制。高校缔结行政契约不得与法律法规的规定相抵触。三是内容限制。行政契约的目标是实现公共利益，因而行政契约的内容不得违反社会公益。

在高校学生管理中强调契约精神，重视契约观念、契约手段及契约制度，并不意味着完全以契约取代权力。高校的学生管理权力在教育法中仍然存在并发挥着应有的作用。由于契约意味着人性尊严、平等诚信、公正责任等，因而契约在高校学生管理中的引入，可以增强学校与学生的协作，提高学校教育服务的水准。

（三）高校学生管理工作应秉持开放理念

1. 开放理念在高校学生管理工作中的重要意义

开放的中国需要开放的高等教育。开放的高校学生管理工作是开放高等教育的一个重要组成部分。落实科学发展观，构建社会主义和谐校园，弘扬社会主义核心价值体系，对高校学生教育管理提出了新的要求。开放促进了高校内部管理体制、教学方式、管理模式的改革，在学生教育管理方面呈现出以下一些变化：一是学分制的逐步实行，“同班不同学，同学不同班”人数增多，使学生由班内走向班外。二是实践课程比重增大，理论教学课时相对减少，使学生由课内走向课外。三是后勤社会化的实施，分散住宿范围扩大，使学生由校内走向校外。四是法制观念的逐步强化，使学生维权行为时有发生。五是大学国际化的推进，形式多样的国际合作办学增多，使学生由国内走向国外。六是网络的普及和便捷，已成为与家庭、学校并列的第三种成长环境，使学生由现实世界走向虚拟世界。因此，高校学生教育管理工作，必须针对上述新变化，适应开放提出的新要求，审视开放带来的新挑战，采取扎实有力的措施，将教育管理的任务落到实处。

现在的大学生有崇尚自我、张扬个性的心理，面临着成才发展要求与教育教学及学习、生活条件相对不足的矛盾，越来越强的维权意识、自主意识与自律意识薄弱、抗挫折能力不足的矛盾，在日益开放和多样化的社会生活环境中自我价值的选择、取舍的矛盾。学生的教育管理工作应贴近学生的学习和生活，帮助他们解决成人感与孩子气、求理解与易闭锁、尚理智与好冲动、理想化与现实性、社会多样化与信念一元化等困惑，帮助他们在包容多样中形成思想共识，在理解变化中促进健康成长。只有这样，高校学生管理工作才能得到有效的改进。高校的学生教育管理工作是一个具有特定功能的组织系统，开放是其重要特征之一。高校学生教育管理目标的实现和任务的完成取决于学生教育管理系统内部要素的合理建构和与外部环境的物质转移、能量循环和信息交换。高校学生管理工作的开放，一是指其系统内部的相互开放，即理性提升的教育系统、规范强化的管理系统、学习生活的服务系统等。系统有分有合，资源共享，互为利用，从而促进资源配置和利用效率的提高。二是指其系统的对外开放，即对社会开放。一方面接受社会辐射，积极扬弃，争取资源，为我所用；另一方面发挥高校思想高地的作用，影响社会，引领发展，增进和谐，促进学生教育管理水平的提高。因此，在改革开放的历史条件下，做好高校学生教育管理工作，需要强化开放的理念。

首先，开放理念是加强和改进高校学生管理工作的本质要求。“没有开放，就没有大学教育”“培养什么人，如何培养人”始终是高校孜孜不倦地思索、追求、实践的根本问题。前者要求解决好教育的理想性和现实性相结合的问题，大学教育说到底是一种“完人”的教育，正如爱因斯坦所说的那样：“当学生走出校门的时候，他应该是一个和谐的人，而不应仅是一名技术人员。”和谐的人应具有社会中的共生意识、发展中的合作意识、理政中的法治意识、交往中的宽容意识和建设中的生态意识。后者则要求处理好教育的规范性和开放性相结合的问题。教育的规范性是通过制度、传统、习惯、氛围等环节来体现，而教育的开放性则表现为教师与学生、学校与社会、有形教育与无形教育的互动，实现的途径就是以开放的理念推进学生教育管理开放，使大学教育成为终身教育体系的一个重要环节，成为学习型社会建构中的一个重要园地，成为与家庭教育、自我教育、社会教育相贯通的一个重要枢纽，成为学生社会化过程中的一个重要阶段。因此，推进高校学生管理开放，不仅是理性的自觉，更是现实的需要。

其次，开放理念是加强和改进高校学生管理工作的源动力。开放促进高校学生教育管理改革，推动高校学生教育管理创新。开放使高校学生教育管理工作视野由窄变宽，动力由小变大，要求由低变高，措施由软变硬，导向由虚变实，负荷由轻变重，节奏由慢变快，从而使高校学生管理工作呈现三个鲜明的价值取向：一是"三力"合一，同频共振。即国家的意志力、学校的执行力、学生的内驱力在具体工作理念层面实现有机统一，使学校的发展目标与国家的战略需求相同步，学校的教育教学要求与学校发展目标相协调，学生的教育管理举措与学校的教育要求相匹配，学生的内在需求与学生教育管理的举措相一致。二是"三成"共举，协同俱进。即成人、成才、成功在具体工作目标层面实现有机统一，使学生真正形成在淳朴中适应、在和谐中竞争、在厚实中创新的良好品格，使高校学生教育管理工作在促进全面发展与充分发展、课堂教学与实践锻炼的内在统一上尽责有为。三是"三有"并行，交融渗透。即有情、有理、有效在具体工作操作层面实现有机统一，把爱的教育贯穿于高校学生教育管理的全过程，把理论学习、教育和实践作为高校学生教育管理的一项重要任务，把解决问题、启迪心智、引导发展作为高校学生教育工作的重要切入点。

最后，开放理念是加强和改进高校学生管理工作的重要保证。开放的高校学生管理工作具有三个特点：一是自觉性。高校学生教育管理工作的加强和改进是一个不断求真、崇善、尚美的过程。求真就是合规律，高校学生教育管理既要合教育内部的规律，还要合教育外部的规律，否则就会事倍功半。崇善就是合目的，高校学生教育管理要全面体现党的教育方针，做到让党放心、让人民满意、让学生喜欢尚美就是合形式，高校学生教育管理要在构建社会主义和谐校园中做出更大的贡献。二是自律性。开放的高校学生教育管理工作是对传统循规蹈矩、就事论事的工作方式的超越。开放不是放手不管，更不是放任自流，而是用开放的理念统揽全局，用开放的心态包容多样，用开放的举措推动工作。三是自为性。开放的高校学生教育管理有利于争取更多更好的教育资源，为我所用；有利于营造良好的环境氛围，为我所享；有利于促进教育管理队伍素质的提高，为我所为。

2. 高校学生管理工作中开放理念的基本要求

首先，应牢牢把握高校学生管理工作开放的方向性。一是要坚持用邓小平理论、"三个代表"重要思想和科学发展观等马克思主义中国化最新成果武装学生头脑、指导学生实践、推动学生工作，牢牢把握学生教育管理的指导权、主动权、话语权。二是要牢固树立中国特色社会主义的共同理想，引导学生自觉在党的领导下，走中国特色社会主义道路，为建设民主、富强、文明、和谐的社会主义国家而勤奋学习，建功立业。三是要大力弘扬民族精神和时代精神。民族精神和时代精神是社会主义核心价值体系的精髓，只有大力弘扬民族精神和时代精神，才能使青年学生始终保持昂扬向上的精神状态。四是要深刻认识社会主义荣辱观的科学内涵，真正弄清其与社会主义市场经济相适应、与社会主义法律规范相协调、与中华民族传统美德相承接的深层关系，科学把握其先进性导向、广泛性要求和群众性基础的内在统一，促进社会主义道德体系在学生心中扎根。

其次，应突出高校学生管理开放的主导性。一是要重视思想教育理论课教学在学生管理中的主渠道地位。“教学有法，教无定法，贵在得法”。应根据大学生的认知特点，不断丰富教学手段，加强实践教学的环节，强化课程研究，确保讲出新意和特色、说出深度和规律，讲出学生想听的和我们想说的，提高教学的针对性和实效性。二是必须始终坚守思想教育这块学生管理工作的主阵地，坚持贴近实际、贴近生活、贴近学生的原则，把学生公寓建设成为融思想教育、行为指导、生活服务、文化熏陶为一体的“第二课堂”。加强思想教育主题网站建设，综合运用技术、行政和法律手段，全面加强校园网络管理，防止有害信息在校园网上传播。加强网络管理工作队伍和网上评论员队伍建设，掌握校园网舆情，引导网上舆论。三是要切实开展好党团组织活动、高品位的校园文化活动、大学生社会实践活动、科技创新创业活动和体育活动，引导学生在活动中受教育、长才干、做贡献。四是要重视学生管理工作队伍建设。做好学生教育管理工作，光靠经验和热情是不够的，必须有一批从事学生教育管理的高水平的专家。应从制度、政策、人事编制、职务职称序列上鼓励一些德才兼备又有奉献精神的同志去从事学生的教育管理工作，让他们真正把这项工作当作一项事业、当作一门学问、当作一个可以建功立业的岗位去钻研和奋斗。

再次，应增强高校学生管理工作开放的针对性。高校学生管理要从学生最关心、最直接、最需要、最现实的问题入手。一要引导学生学会学习，变“学会”为“会学”。更新学习观念，变革学习方式，创新学习手段，提高学习效率。二要引导学生学会自强，变“助我”为“我助”。进一步落实助学贷款，设立助学奖学金，建立与就业相结合的奖学金制度，组织好学生勤工俭学。三要引导学生学会创业，变“就业”为“创业”。把培养学生的创新精神、创业本领、实践能力放在重要位置，改革教学内容和课程体系。完善鼓励和支持高校毕业生创业的制度和措施，提供创业的优惠条件，加强对创业活动的指导和管理。四要引导学生加强心理健康知识普及教育，通过宣传倡导、教育引导、活动推导、家长督导等途径，做好心理健康教育工作。加强危机干预，消除潜在隐患。

最后，应强化高校学生管理工作开放的基础性。大学历来是社会文明的源头，是引领文化潮流、传播科学思想、开创文明新风的地方，倡导和谐理念、培育和谐精神是现代大学精神的应有之义，大学应该担负起和谐社会首善之区的使命。在建设社会主义和谐校园中，要发挥高校学生教育管理工作的思想导向作用，奠定和谐校园建设的强大思想基础；要发挥高校学生教育管理工作的价值引领作用，倡导和谐校园的正确价值取向；要发挥高校学生教育管理工作的道德规范作用，构筑和谐校园的坚强道德支撑；要发挥高校学生教育管理工作的文化建设作用，形成促进和谐校园的文化环境。开放的高校学生教育管理工作必须坚持教书与育人相结合、教育与自我教育相结合、政治理论教育与社会实践相结合、解决思想问题与解决实际问题相结合、教育与管理相结合、继承优良传统与改进创新相结合。就管理而言，还应坚持从严管理和科学管理、民主管理和依法管理相结合。按照依法办学、依法管理的要求，建立起学生维权工作机制，使思想教育与维护和保障学生权益工作相统一，提高学生的权利和义务意识，使学生的各种权益得到切实维护和保障，凡是办理有关学生事务，制定出台涉及学生切身利益的政策、规定、程序，都必须通过一定渠道听取学生的意见，做到公开透明，真正建立起维护和保障学生权益的服务体系，确保培养目标的实现。

第二节　高校学生管理工作模式的探索创新

学生上学交费、毕业自谋职业、民间资本兴办高等学校谋利等，预示着中国高等教育已经走向市场化、产业化，大学生从一个高等教育的无偿受益者转化为高等教育的消费者，其角色转化自然导致高校学生与高校之间社会关系内容的变化，必然导致高校管理模式、管理理念的变化。而这种变化是应该遵循市场规律，适用市场规则的。

一、大类招生背景下高校学生管理模式的探索

当前，许多高校在本科教育中采用了按大类招生的培养模式，即在高考录取时不分专业，按大类进行招生，学生进校后经过一定时间的基础课程学习后，再根

据自身条件和社会需求选择专业。这样可以使专业选择更贴近学生志愿，更能反映社会需求趋向。由于这种模式与目前高校实行的学分制改革紧密联系，在人才培养上具有一定的灵活性，符合当今高等教育教学改革的大趋势，因而被越来越多的高校所采用，以往我们设置的专业划分过细、口径过窄、针对性过强，培养的学生思维较古板，创新性不足，已经难以适应现代社会大环境的要求。按大类招生及培养，能有效地在学校内部利用多学科的优势，克服原有院、系的框架，打通相邻专业的基础课程，实现多专业的有机组合。同时可以有效地使专业向复合型转化，进一步促进和加强新专业的建设，在学科或学科群的范畴里，对学生进行更全面的教育培养，以顺应科学技术发展综合化的趋势。但是，这种大类招生模式和高校普遍采用的学分制，给高校学生管理提出了新的要求和新挑战。

在当前高校体制改革的新形势下，把 ISO 9000 标准导入到高校学生工作评价中，是高校学生管理制度科学化、规范化的迫切需要。ISO 标准是国际标准化组织（ISO ）颁布的质量管理体系标准，它适合世界各类组织。贯彻 ISO 9000 标准，是通过控制组织的工作过程来保证组织的产品及服务对象符合法律法规和管理、技术规范等要求。高校学生工作组织是一个组织，其管理及服务对象是学生，其对学生的管理也是一个动态的过程管理。也就是说，高校学生管理工作是有组织、有对象、有过程的管理，因而适合 ISO 9000 标准体系。在当前高校内部教育体制改革的新形势下，把 ISO 9000 标准导入到高校学生工作评价中，一方面，首先应确立高校学生工作的质量方针，确立学生工作目标，然后再把目标转化成易于测评的指标体系。高校学生工作可被分解成五个方面的“一级质量目标”：学生思想道德建设、学风建设、组织建设、纪律建设、后勤建设。以上五个方面可细化为若干个子项，例如：组织建设可被分解为党组织建设、团组织建设等四个子项，各个子项可再细分为若干个目标指向，最后若干个目标指向再被分解为若干个点。高校学生工作组织以完成子目标的点数来作为考评其学生工作成绩的依据。另一方面，对高校学生工作的认证，不是给学生工作组织本身认证，也不是给学生工作组织的上级组织认证，而是由隶属于国家质量认证中心的第三方权威评审中介机构来认证。高校学生工作与第三方评审机构的有机融合，可以有效地防止高校学生工作的盲目性和随意性，最重要的是这一改革引入了外审机制，由社会中介机构来评价高校学生工作业绩。中介机构不是学生工作组织本身，也不是学生工作组织的上级组织，他们以事实为基础，将高校学生工作作为审核对象进行评价、监督，有其客观性和公正性，能有效地推进高校学生管理工作的开展。

二、依法治校，实现高校学生管理模式的法治化

（一）高校学生管理模式法治化的必要性和紧迫性

首先，高校学生管理法治化是依法治国的重要组成部分。依法治国，建设社会主义法治国家，已成为加强社会主义民主和法制建设中的最强音。全面的依法治国应当将社会中各种关系纳入“法治”的范围，由“人治单元”组成的“法治社会”是不可想象的。同时法治社会也必然对其构成因子产生此种客观要求，这两者存在互动关系。在这样一个大背景下，学生与高校的关系发生了变化，过去我国高等学校运行的经费来自国家拨款，高校管理者的管理权是行政权力的一部分。虽然从宏观上讲，国家行政权来自人民的公意，但特定到学生与学校的这一具体关系，则是一种纵向的服从与被服从的关系。

可见，高校学生管理模式法治化是高校社会主义办学方向的自我要求。高校作为社区、社会生活的重要组成，作为科技、文化的辐射源，对于整个社会的法制化建设都具有重要影响。党把依法治国、建设社会主义法治国家确立为我国新时期党和国家重要的治国方针，这是政治体制改革的基本要求和主要任务。社会主义法制化国家的建立，不仅需要有完备的法律体系，更需要全体公民具有良好的法律意识和法律素质。高校培养的人才是未来我国经济和社会发展的重要力量，其法律意识、法制观念如何直接关系到他们在今后的社会生活中的行为方式是否符合法律规范的要求，关系到国家事业的成败。同时大学生作为较高文化素质的人才，其言行举止对社会具有较强的影响和示范作用，通过对他们进行法律意识、法制观念的教育，运用法律手段来规范他们的学习、生活，促进他们素质的全面提高，使他们形成遵纪守法的习惯，有利于推进全社会的法制化进程。

其次，高校学生管理模式法治化是培养创新人才的必然要求。高校的管理环境是创新人才成长的土壤，强调公平、效率与秩序的法治环境能为人的创造性的发挥提供保障。有人担心高校学生管理模式法治化会人为设置一些条条框框，不利于创造性的发挥。这是对法治的误解。为鼓励创新提供的最有效的保障就是在高校中建立公平竞争的环境，这样才能保障学生创新的积极性不受挫伤。学生通过自身努力得不到回报，或者发现那些没有通过努力而采取其他不正当方法的人也取得了和自己一样的效果，这都是对学生的积极性的极大伤害。因为高校是

他们踏入社会的第一步，在高校获得的社会经验对以后的人生会产生莫大的影响。高校管理如不能从制度上保障学生的权利，让所有人在公平的环境下竞争，将会从根本上扼杀学生的创造力。因此可以说实现高校培养创新人才的目标，必须依靠高校学生管理模式法治化。

最后，高校学生管理模式法治化是高校管理体制改革的内在要求。在市场经济体制下，高等学校已从计划体制下的纯公益性事业单位转变为既坚持公益性又有产业性的教育实体。学校作为独立的事业型法人，享有办学自主权。学生享有自主决定报考学校及专业类别、缴费上学、接受高质量的服务和受教育的权利。学校与学生的行为符合法律、法规的双方各自利益意愿的约定，即合同的约定。学生报到注册取得学籍即表明做出接受学校的教育、管理和服务，遵守学校的规章制度，缴费上学的承诺。学校接收学生入学，表明学校要按约提供优质的教育教学服务，使学生圆满完成学业。双方依合同约定享有权利和履行义务。如学生违反合同，不履行遵守校纪校规的义务，则学校按法律、法规规定及合同约定行使权力给学生以处分，学生承担违约责任。反之，学校不履行义务，构成违约，则学生行使权力，如请求权、申诉权甚至使用诉讼权维护自己的正当权益，学校应承担违约责任。随着高校内部管理体制改革的不断深入，高校后勤社会化的进程日趋加快，学校不再依据其作为管理者的身份，而是依据与学生达成的契约对学生进行管理。社会化的后勤实行开放式的管理，要使大学生既能适应后勤服务社会化的管理，又要实现高校教育培养目标。实现学校管理与社会管理的接轨，就必须实现高校学生管理模式法治化。

（二）法治的主要内涵和目标

把握法治的内涵首先要澄清两种模糊认识。其一“法治”不同于“法制”。从本身的含义来说，“法治”是指严格遵法、守法，依法办事的原则，而“法制”是指一定范围内的法律制度或法律上层建筑系统；法治是运用法律及其制度为基本手段和方法来治理，是法制的功能要求和动态过程，是包括法制在内的更大的系统。其二“法治”是指“依法”管理，即将法作为学生管理的最高权威，没有任何个人或利益集团可以凌驾于法之上。而不是“以法管理”，不能将此仅仅作为学生管理的一种工具和手段，否则就会陷入法律工具主义的误区。从某种意义上讲，法治实际上是对社会的权利、义务、权力、责任等进行合理分配的一种制度设计和安排。权力是法治的一个重要因素。权力具有极大的权威性，必然会出现这方面的结果。一方面，权力的权威性会给人民和社会带来利益，它是法治所要建构的社会秩序产生的前提，也是法律真正得以实现的基础；另一方面，权力的权威性使之存在着对社会和他人潜在危害的可能。因此它也是法治所要制约的主要客体。权力的制度化、法律化，是使权力在运行过程中依照已由法律规定好的行为模式合法运行。

权利是法治的另一要素。以法律的形式对权利和自由进行合理分配是法治的目的。权利的制度化是指将社会中的权利要求转化为法定权利。现代社会起源于商品市场经济的发展，在这种经济条件下，社会关系主要体现为物质利益关系和平等交换关系，这就必然产生人们对利益和平等的权利要求。但是仅有权利要求是不足以保证权利的实现的，加之现代社会各种利益的冲突，人们的权利要求也各不相同，只有将这些权利要求通过立法者的选择和平衡，在具体的法律法规中将其制度化，才能确保权利真正受到保护和得以实现。权利的制度化具体表现在：一是有关权利主体的制度。主要指权利主体地位的规定，权利主体不仅包括公民、法人，还应包括政党和其他社会组织；具体权利义务的规定，如公民政治权利的规定，主要有选举权和被选举权，言论、出版、集会、结社、游行示威权，知情权和参与决策权；经济方面的权利，如所有权、劳动权、平等权、继承权、投资权等。但权利永远不可能是任意和无限的，权利行使的绝对化，必然会导致无视权力和他人权利，给社会造成灾难。因此法律在将权利制度化的同时，也通过义务的设定，使权利主体在享有权利的同时也应承担义务。责任方面的制度。任何主体包括公民、法人、政党等权利主体对权力的滥用和对义务的漠视都应承担法律责任。二是有关权利实现的制度。将法定权利转化为实有权利，这才是法治所应追求的目标，在将权利要求转化为法定权利时，必须考虑到权利的经济、政治和法律保障制度化。三是权利救济制度。当合法权利受到非法侵害时，法律应提供有效、及时的法律救济方法，这主要表现在各种诉讼制度上。以保障公民基本权利的宪法和其他单行法规，以产权制度、法人制度和契约制度为核心的现代民商法，都在致力于实现权利的制度化。

完善可行的权力和权利制度是判定一个社会是否真正实现法治的最基本的制度准则。以此为出发点形成一系列的法律制度、规则、原则和概念，它们共同构成法治的制度标准，实现学生管理的法治化，单纯仰仗法制是不够的，而是要建立一个学生管理法治系统。这个系统应包括：法治的主体系统——民主系统，即校园内以民主形式组建地对学生管理工作具有决定性影响的组织；法治的思想观念系统——它是学生管理工作的主导系统;法治的教育系统——包括对管理人员的法治观念的培训及对学生的法律教育系统;法制系统——包括调整学生管理活动的由国家制定的法律、法规及学校自行制定的规章制度系统;法治的辅助系统——包括学校的学生处、保卫处及校园文化心理、伦理道德等系统;法治的信息反馈系统和监督系统——前者包括国家和学校相关部门的内部反馈系统及校刊、广播站等外部反馈系统,后者包括国家、政府的监督,校长、党委的领导监督,学生代表大会的监督及民间社团、校内传媒等社会监督,还有来自学生的直接监督,二者时常是你中有我、我中有你。

(三)实现高校学生管理模式法治化的有效途径

第一,加快高校学生管理工作法制化进程是实现学生管理模式法治化的前提和基础。推进管理法制化是纠正高校学生管理制度建设弊端、堵塞制度漏洞的有效手段。我国《高等教育法》第十一条规定:“高等学校应当面向社会,依法自主办学,实行民主管理”。它明确了学校自主管理权的行使必须遵循法制原则。学校教育是对“人”的教育,对人的教育必须建立在尊重人的基础之上,而对人的尊重首先是对人权利的尊重。长期以来,教育道德化是我们一贯的教育理念。在教育过程中,权利的设置和运用常常只受道德标准的衡量与限制,而缺乏法律的规范。但在依法治国的环境下,学校与学生之间的关系已经不再是一种简单的管理者与被管理者之间的关系,而是一种对应的权利义务关系。因此,我们应当将教育关系作为一种法律关系来看待,应当将尊重受教育者的合法权益作为教育者的首要义务,在行使教育管理权时,首先考虑的不应当是如何“处置”受教育者,而应当是这样处置是否合法、是否会侵犯教育者的权利,真正将受教育者作为一个平等的法律主体来对待。这才是我们需要的一种符合时代发展要求、体现现代法制意识的教育理念。

高校学生管理工作的法制化需要管理者法律意识的提高。高校管理者具有良好的法律意识是严格依法办事的重要前提,它可以促使管理者在依法行使自己管理职权的过程中,尊重和保护学生的法定权利,避免对学生的侵权。高校应该通过进行法学理论方面的专门化培训、敦促管理者自学等方式,培养管理者的法律意识,尤其是民主思想、平等观念、公正精神、法制理念等,从而自觉用法律法规来规范自己的言行,在管理工作中公正对待学生,尊重学生权利。同时,外聘一些专职司法工作者,组成学生法律援助组织和仲裁机构,并与司法部门建立联系,协同接受各类申诉，立案处理一些案件，形成法制化的育人环境。与此同时，还应加强高等教育法律理论的研究，加快高等教育立法及及时清理不适应时代要求的高等教育管理类法律、法规的步伐，解决目前我国高等教育无法可依和法律、法规严重落后于时代发展要求的现状。可喜的是，有关部门已经注意到教育管理类法律、法规、规章滞后于时代要求的问题，并正着手予以解决。如《中华人民共和国民办教育促进法》已出台，该法的出台，使我国民办高等教育长期以来无法可依的历史宣告结束。

第二，建立正当的管理程序是实现高校学生管理模式法治化的关键所在。在具体的管理行为中，实现法治化的重中之重在于程序，实现了程序的法制也就实现了管理行为的法治化。这就要求，在处分学生时要及时将处分意见送达本人，确保学生的知情权不受侵犯；建立听证制度，充分保证学生的知情权；建立申诉机制，使学生有一个为自己辩护的机会；建立司法救济机制，保障学生的合法权益。正当程序原则可以追溯到英国普通法传统中的“自然正义”原则。正当程序的基本要求是：任何人不能作为自己案件的裁判者，纠纷由独立第三人裁决；做出影响相关人权利义务的决定，特别是对当事人不利的决定时，必须听取利害当事人的意见，给予其陈述、申辩、对质的机会；纠纷的裁断过程中不可偏听偏信，不得单方接触；一切都必须予以公开，保证公正和透明度；在裁决时应尽可能考虑一些比较。我国法律中并没有关于“正当程序”的条文规定，正当程序只是作为行政法的原则和理念存在。《行政处罚法》规定的简易程序、一般程序和听证程序，也不适用于高校学生管理和纪律处分。但是，从司法实践来看，田永诉北京科技大学案实际上已经确立了正当程序的原则。法院的判决书中指出：“按退学处理，涉及被处理者的受教育权利，从充分保障当事人权益的原则出发，做出处理决定的单位应当将处理决定直接向被处理者本人宣布、送达，允许被处理者本人提出申辩意见。北京科技大学没有照此办理，忽视当事人的申辩权利，这样的行政处理不具有合法性。”法院在没有任何法律规定的情况下，根据正当程序的要求认定学校程序违法，从而创造性地运用了“正当程序原则”。此后，刘燕文诉北京大学案也应用了正当程序的理念。一审法院的判决认为，“校学位委员会在做出不批准授予刘燕文博士学位之前，未听取刘燕文的申辩意见”，“做出决定后，也未将决定向刘燕文实际送达”，即法院认为高校的处理决定存在程序上的瑕疵。也正是因为法院对高校学生管理行为的司法审查，使得高校不得不在学生管理过程中考虑程序的正当性，从而引起教育界和学术界对于高校学生管理过程中正当程序的关注。可以说，司法审查是高校在学生管理过程中适用正当程序的最大推动力。

从保障学生权利和维护学生尊严的角度来看，正当程序有利于保障学生的权利，特别是涉及学生的基本权利时更是如此。高校学生管理过程中的正当程序是对学生权利保障的基本要求，没有正当程序，受教育者在学校中的"机会均等"就难以实现，其"请求权""选择权""知情权"就难以得到保障和维护。程序不能只是达成实体正义的手段，程序具有自身独立的价值。正当程序的内在价值有两个方面：一是对人尊严的承认和尊重，即尊重个人尊严；二是正当程序包含了"最低限度公正"的基本理念，即某些程序的因素在一个法律过程中是基本的、不可缺少的，否则，人们会因此感到程序是不公正的、不可接受的。在很长的一段时期内，高校和学生的关系具有强烈的特别权力关系的色彩，学生只是消极的被管理者，高校与学生之间的地位是不平等的。在这种情况下，正当程序是没有必要存在的。随着我国实施依法治国方略，全面推进依法治教，高校学生管理必须法治化。民主法治的发展和人权保障的要求，将特别权力关系纳入司法审查的范围，既符合正当程序原则，也成为限制特别权力的基本原则之一。因此，在高校学生管理过程中引入正当程序，是对学生人格、尊严的尊重。

第三章　高校教学管理及队伍建设

第一节　教学管理及队伍建设

一、教学管理的组织系统、本质任务和内容体系

(一)教学管理的组织系统

教学管理的组织系统又称为教学管理的组织与方法体系，是教学管理的群体为了共同的目标，通过责权的分配、层级的统属关系和团体意识所构成的能自我调节、自我发展的一个社会系统，主要解决“谁来管理，怎么管理”的问题。管理系统是一个个体、团体和整体之间结构性的关系组织，是一个组织成员相互行为关系的行为系统，是一个随着时代环境的变化不断自我调整、自我适应的生态组织，也是一个组织成员角色关系的网络系统。教学管理组织建设的目标主要是建立一个科学、完善的教学管理系统，形成全面的质量管理体系和运行机制，以服务于教学、教师和学生。教学管理系统是侧重于过程管理的纵向系列和侧重于目标管理的横向系列的结合，纵向系列指学校、二级学院(部)、教学系部和教研室；横向系列主要涉及目标管理，包括教务部门、科研部门、学生管理部门、人事部门、政工部门、后勤保障部门等；这两个系列要处于完全协调一致的工作状态，才能完成共同的教学工作目标——人才培养。

要建立起高效能、灵活运转并能创造性工作的教学管理组织系统，必须重视和加强教学管理队伍的建设，建立一支专兼结合、素质较高、相对稳定的教学管理干部队伍，机构要有职责范围，人员要有岗位责任。

(二)教学管理的本质

教学管理的本质是在多层次、多因素的高等学校系统中，以教学系统作为研究的管理对象，组织和运用有限的人力、物力、财力对教学过程进行科学合理的安排，实现教育资源的最优配置，获得教学工作的最佳效益。

(三)教学管理的基本任务和职能

教学管理的基本任务是遵循教育教学基本规律,通过对培养、改革、建设和管理的系统规划,借助现代化的科学管理手段,对全部教学活动在动态演进中达到既定的教育教学目标的管理。同时,要发挥管理的协调作用,调动各方面的积极性,保证全部培养过程各阶段教学任务的有效实现。

教学管理的职能可归纳为“决策、规划,组织、指导,控制、协调,评估、激励,研究、创新”,它们之间相互交叉,互为联系,是一个有机的整体。

(四)教学管理内容体系

1. 教学计划管理

培养方案是学校保证教学质量和人才培养规格的重要文件,是组织教学活动、安排教学任务、确保教学编制的基本依据。教学计划是在中华人民共和国教育部(以下简称“教育部”)的宏观指导下,由各个学校组织专家自主制订的,它既要符合教育规律,保持一定的稳定性,又要根据社会、经济、科学技术的新发展适时地进行调整和修订。教学计划一经确定就必须认真地组织实施。教学计划管理的核心工作是精心设计人才培养的蓝图,这就需要投入很大的精力进行必要又必需的基本调查研究,包括国内外相同、相近学科专业的改革和发展动向,特别是新的教育观,新的教学内容、课程体系、教学环节和人才的培养模式等。要组织学校本学科专业的学术、教学带头人及有经验的骨干教师先行研究课程结构体系,只有设计构建一个整体优化的课程结构体系,把人才培养的总设计描绘清晰,才能够据此培养出高质量的合格毕业生。当然,教学计划在制订以后还要有严格的组织实施,不能有随意性。

2. 教学运行管理

教学管理的基本点是通过协调、规范的管理,保障教学工作稳定运行,保证教学质量。教学运行管理主要是围绕教学计划的实施所进行的教学过程及相关辅助工作的组织管理。教学过程是学生在教师指导下的一种认知过程,又是学生通过教学获得全面发展的一个统一过程。高等学校教学过程组织管理的主要特点:一是大学生学习的独立性、自主性、探索性逐步增强;二是在宽厚的基础学科基础上适度的专业教育；三是教学和科研的逐步结合。根据这些特点，在教学过程的组织管理中要注意把握两方面的工作：一方面，要制订好课程大纲；另一方面，要针对课堂教学、实践教学、科学研究训练这三个主要环节设计好组织管理的内容、要求和程序，并依此来进行检查。

3. 教学行政管理

教学行政管理主要指学校、二级学院、教学系部等，教学管理部门要依据教学规律和学校规章制度行使管理职权，对各项教学活动及相关的辅助工作进行科学合理的组织、指挥、调度，以保障学校教学工作稳定有序运行的协调过程，也包括严格规范地做好教学的日常管理、学籍管理、教学工作管理、教学资源管理和教学档案管理等工作。

4. 教学质量管理与评价

教学质量是个综合化的概念，衡量教学质量高低的指标应该包括教学、学习及管理质量的综合指标；教学质量又是一个渐进的、累积的形成物；教学质量是静态管理和动态管理相结合的，应注重动态管理和过程管理，这是因为教学质量管理的最终任务是保证和提高每一项教学活动、每一个教学环节及最终的教学质量。转变教育思想、提高教育质量是搞好教学质量管理的前提条件。要深入研究质量监控，研究完成全程质量管理的设计，建立适合校情的质量监控体系和运行机制，首先要厘清质量监控的概念、要素、体系和组织系统，要研究质量监控与质量保证的所有相关问题。高校应建立科学的、抓住核心的、可操作的质量管理模式，包括教学质量检查方式，教学工作评估，教学信息的设计、采集、测量、统计分析和管理等。

二、教学管理的特点和管理队伍结构

（一）教学管理的特点

教学管理在高校各项管理工作中的重要位置及教学活动的特殊性，决定了教学管理具有能动性、动态性、协调性、教育性和服务性等特点。

1. 教学管理的能动性

教学管理的能动性是指人的主观能动性。教学管理的对象主要是教师和学生。能否充分有效调动教师“教”和学生“学”的积极性，是衡量教学管理工作成效的主要标准。在教学管理中，教师和学生具有双重身份，教师作为对学生学习活动的组织者、指导者是属于管理者，发挥管理者的职能，而作为高校教育教学活动的执行者时则属于管理对象，履行管理对象的职能；学生既是学校和教师的管理对象，又是自身学习活动的自我管理者；教师与学生无论是管理者还是管理对象都具有主观能动性，彼此相互影响、相互促进。

2. 教学管理的动态性

教学管理涉及的每个环节都处于动态发展的环境中，如培养方案的制订要随着社会经济的发展更新、完善，教学运行的管理要随着学校教学条件的变化进行合理调整，教学质量的评价体系要随着建设内容的变化不断地进行更新等。在不断变化中总结和提高，使教学管理水平和质量螺旋式向上发展。

3. 教学管理的协同性

教学管理的主要任务是协调好学生的个体活动和学校、教师组织的集体活动，充分发挥教师、学生的个性，有益于个人和集体的协同发展。

4. 教学管理的教育性

教学管理人员通过合理制定管理制度，有效实施管理过程，奖惩分明，帮助学生实行自我教育、自我管理、自我服务的“三自”管理，达到育人的最终目的。

5. 教学管理的服务性

高校的中心工作是育人，教学管理要围绕教师“教”与学生“学”做好服务工作。增强服务意识是对教学管理人员最根本的要求。

(二)教学管理队伍的结构

高等学校教育教学管理队伍由分管教学副校长、教务处全体人员、学院(系)主管教学副院长(副主任)、教学秘书(教学办全体人员)和教务员组成。教学管理人员的结构主要包含学历结构、职称结构、年龄结构、学员结构和性别结构等指标。科级以上管理人员岗位应具备硕士及硕上以上学历，博士学历占一定比例；处级岗位、教学副院长（副主任）和重要科级岗位应具备副教授以上职称，教授占较大比例；老、中、青各层次人员合理分布，教学管理队伍既要有教学管理经验丰富的中老年专家，又要有充满活力、信息技术强的青年骨干；学员结构上非本校人员应该占多数比例，有利于发挥不同的管理思想，承担重要岗位工作的教学管理人员应有基层教学管理工作经历。

三、正确把握教学管理的几个重点

（一）注重提高教学管理人员职业道德和业务能力

学校应充分认识到教学管理人员对学校发展所起的重要作用，注重培养教学管理人员的政治思想素质，树立高尚的事业心、责任心及奉献精神。

教学管理人员处于承上启下的关键位置，承担上传下达的工作职责，既要贯彻执行上级部门的文件精神与工作部署，又要组织、协调学校的教学管理工作，同时还要直接面对教学一线的教师，处于与学生沟通交流的前沿，这样的工作定位与工作职责要求教学管理人员首先要具有职业道德与高度的责任感。教学管理工作涉及面广、内容多，事无巨细，看似事小，实质关系重大。如传达上级文件精神、组织安排学校教学工作计划、教师停调课安排、考试工作安排、学籍档案管理等，年年重复，天天面对，很容易引起认识上的麻痹。看起来都是小事情，但每件小事的管理出现差错就会直接导致院（部）甚至全校教学秩序的混乱，教学工作无法正常运转，影响极大。

教学管理人员要具有团结协作精神，高校教学管理工作的特点之一是层次管理，既有一定的独立性，又相互协作与配合，只有具有良好的团队协作精神才能全方位地处理好分工负责的工作，为师生创造良好的工作环境，解决工作中遇到的问题。

要具备较强的业务素质，教学管理人员的业务素质与能力是其独立从事教学管理工作，解决实际问题，顺利完成任务的根本条件，学校应提高教学管理人员的业务素质，使其熟练掌握教育学、心理学等有关高等教育专门知识，掌握教学管理的基本理论和专门知识，准确评估教学发展趋势，协调各部门、各因素间的相互关系，促进各类信息的精确传达，不断创新管理方法，提高管理素质和水平；结合工作实际，开展教育科学研究与实验，适应管理科学化、现代化的要求。

（二）正确处理教学管理与教学质量的关系

教学管理是学校对教学工作各方面实施的管理，根据既定的目标、原则对整个教学工作进行有序的调节和控制。教学管理的每一个环节都与教学的质量关系紧密。教学管理涉及的内容广泛，从教学质量评价系统来看，包括培养方案、教学计划的制订、教学任务的安排、教学跟踪监测、信息收集、信息统计分析、质量评价等内容。同时，根据反馈的信息和评价的结果，不断更新和调整教学计划。每一项工作的具体内容又包括许多方面，如教学跟踪监测是考察教学方法是否先进，授课内容是否新颖，理论与实践的结合情况如何，课堂是否有吸引力，学生作业、实验、实习的完成情况和考试的成绩评定等内容。教学管理始终要围绕全面提高教学质量这一中心工作开展，高校应改革和完善教学管理体制，创造和建立新型的适应人才培养、素质提高的教学管理制度。

（三）正确处理好教学管理人员与教师教学任务的关系

教学管理人员和教师共同承担着教育的使命，教学管理人员是以有效整合发挥教育资源为主，教师则是以传播知识、启迪思想为主。“管理育人”和“教书育人”相辅相成，两者不是管理者与被管理者、监督与被监督的关系，而是相互影响、相互作用的关系，两者相互关联、密不可分，是同一目的两个不同的层面，具体体现在以下几方面。

教学管理人员是衔接教师“教”与学生“学”两者关系的纽带，协调和处理两者之间的矛盾和问题，创造良好的教学环境，保证“教”与“学”的顺利进行。

教学管理人员通过整理、分析教师教学质量的各种信息，反馈“教”与“学”的情况并进行科学的评定。检查、考核教师在教学过程中的学术水平、教学水平及敬业精神，总结和评估教师是否完成教学任务制订的各项指标与计划，促使教师不断地按照社会发展和市场需求，保持高质量的教学水平，培养适应社会需求的高质量的人才。

教学管理人员和教师共同参与学校的专业建设、课程建设、教材建设、实验室建设等工作。通过对教学的调查、研究、分析，提出改革和改进教学工作的方案和计划。

教学管理人员为教师提供在教学上所需要的帮助，创造优质的教学环境，让教师集中精力投入教学。

(四)注重教学管理与教学研究的关系

教学管理是一个长期建设和积累的过程,高等学校能够完成日常的教学管理,保障教学的正常运行,只是完成了第一层次的工作,标志着有了一个良好的工作基础和教学环境。要提高人才培养质量,提高教学管理水平,必须开展教育教学研究。实践证明,重视教育教学研究工作的学校,其教学工作的指导思想明确、目标选择恰当,能审时度势,从国情、校情出发确立新思想、新思路、新措施、新制度,教学工作和管理工作处于高质量状态。教学管理和教学管理研究开展较差的学校,其教学改革往往比较落后,抓不住教学改革的重点与核心。因此,注重教育教学研究是教学管理提高水平、质量和效益的关键所在。

第二节　高校专业、课程建设与管理

一、专业建设研究与进展

(一)专业、学科的概念与内涵

1. 专业的概念与内涵

《教育大辞典》对专业的解释为:“专业”译自俄文,指中国、苏联等国家高等教育培养学生的各个专门领域,相当于《国际教育标准分类法》的课程计划或美国高等院校中的“主修”。

在联合国教科文组织编写的《国际教育标准分类法》中,没有“专业”一词,对应出现的是“课程计划”。大学由农学、文学、教育、工学等系或学院组成。学生在某系选择一组课程计划,这一组课程计划内常有些课程要到其他学院、系去上。或同一课程计划由于重点不同,要在一个以上的系中进行。从中可看出,“课程计划”与“课程的一种组织形式”内涵相同。

现代教育体系中对专业的定义有广义与特指之分。广义的专业是指知识的专门化领域,专业即某种职业不同于其他职业的一些特定的劳动特点。特指的专业即高等学校中的专业,是依据确定的培养目标设置于高等学校(及相应的教育机构)的教育基本单位或教育基本组织形式。高等教育研究专家潘懋元、王伟廉认为:专业是课程的一种组织形式。《教育管理词典》认为:专业是高等学校或中等专业学校根据社会的分工需要而划分的学业门类。各专业都有独立的教学计划,以体现本专业的培养目标和要求。这种解释与《辞海》的解释基本一致,认为专业是一种学业门类。

由此可见,专业是高校培养人才的基本单位、它能够通过专门教育和训练,促进学生获得较高的专门知识与能力,以便为社会提供专业而有效的服务;专业是按照社会对不同领域和岗位的专门人才的需要来设置的。学科知识是构成专业的原料,不同领域的专门人才需要什么样的知识结构,专业就通过对相关的学科知识进行切块、组织来形成课程及一定的课程组合的方式来满足。专业以学科为依托,有时某个专业需要若干个学科支撑,有时某个学科又下设若干个专业。一个专业是由适用于其需要的若干学科中的部分内容构成,而不是由若干学科中的所有内容构成。

2. 学科的概念与内涵

学科从学术分类和教学分类两方面有不同的解释。

(1)学术分类方面

学科是指一定科学领域或一门科学的分支,如物理学、生物学、教育学等。

(2)教学分类方面

学科是学校教学内容的基本单位,指为培养人才而设立的教学科目。通常意义上所讲的学科是指高等学校或科研机构为培养高级人才而设立的教学科目。大学是传授高深学问的场所,而各种不同的"学问"则以学科的形式出现,学科理所当然地成为了承担大学职能的基本单元。在此,把大学学科定义为:大学学科是以知识分类为基础,以高深专门知识为学术活动的对象,承担大学职能的基本单元。

(二)学科建设与专业建设

1. 学科建设和专业建设的内容

(1)学科建设的构成要素

学科建设的构成要素主要有学科带头人、学科梯队、科研课题、研究仪器设备、学科建设管理人员等;学科建设主要是学术梯队建设、研究设施建设、确定研究方向、争取研究项目,形成科学、合理的学科管理制度等,目的是取得更高水平的研究成果。学科建设的作用表现在五个方面：①学科水平决定一所大学的水平，是高校办学水平和综合实力最主要的体现；②学科是人才吸引的强磁场，人才培养的沃土；③学科对人的发展起着定向和规范的作用；④学科建设是构筑高校核心竞争力的必由之路；⑤学科建设是大学发展的平台，是大学人才培养、科学研究和社会服务三大社会功能的基础。

（2）专业建设的构成要素

专业建设的构成要素主要有教师、课程、教材、实验与教学管理人员等。专业建设主要是专业培养目标与培养方案的制订、专业教学手段与教学方法的改进、人才培养模式的改革、课程开发、教材建设、实验室与实习基地建设等。高等学校专业的划分是以学科分类为基础，与社会职业分工相适应的。专业建设的作用表现在三个方面：①专业水平反映了学校本科人才培养的水平；②专业是学校培养学生传授技能的平台，反映学校学科水平；③专业建设是提高学生就业综合竞争力的重要途径。

2. 学科建设和专业建设的关系

高校进行学科建设必须搞清楚学科建设与专业建设的关系。原因之一是历来非研究型大学不重视学科建设，或对学科建设认识不清；原因之二是这些院校大部分学科的科学研究基础非常薄弱；原因之三是学科建设与专业建设关系问题在实践中凸显出来的时间不长。学科的划分遵循知识体系自身的逻辑，学科是相对稳定的知识体系。

学科建设是对相关学科点和学科体系的科学规划和重点建设，从而形成和提升人才培养与科学研究的综合实力。学科建设与专业建设密不可分，学科建设是基础，学科建设的成果可以作为专业建设的原料，但也可以有非专业建设的用途，可以直接为当地生产建设所用；专业建设是成果，中间通过课程这一桥梁来连接。市场对人才规格要求的变化引起专业的调整，也是促进学科建设的动力之一。

二、典型课程建设与管理

（一）“精品课程”建设与管理

精品课程建设在推动优质课程和资源建设，实现优质教学资源共享，促进高等教育协调发展，特别是全面推动教学内容信息化建设等方面发挥了积极的作用。精品课程带来的以提高教学质量为导向的激励机制，特别是把教育信息化作为提高教育质量的新手段，调动教师教学改革的积极性和学生主动学习的积极性方面发挥了重要引领作用。

1.精品课程的概念和教育理念

精品课程是具有特色和一流教学水平的优秀课程。精品课程应具有五个要素，即高校本科教育教学管理研究与进展要具有一流教师队伍、一流教学内容、一流教学方法、一流教材和一流教学管理。精品课程通常具有“体现现代教育思想，符合科学性、先进性和教育教学的普遍规律，具有鲜明特色，恰当运用现代教学技术、方法与手段，使用一流教材，教学效果显著，具有示范和辐射推广作用”等特征。精品课程强调的是一种全新的教育理念，即以科学性、先进性、特色性、创新性、应用性、有效性和示范性为指导，树立精品课程建设可持续发展的观念。在课程整体水平提高的基础上，有计划地创建和培育精品课程。通过精品课程的示范效应，带动课程整体水平的提高，形成课程建设的良性循环。

2.精品课程建设的作用

精品课程逐级评审和政策激励机制有利于调动地方和高校建设精品课程的积极性，建立各门类、各专业的校、省、国家三级精品课程体系；引导高校进行课程内容改革和建设，整合教学改革成果和优质教学资源(先进的教学理念、模式、方法)，实现优质教学资源共享(教师)，促进学生自主学习，整体提升学校的教学水平。

带动课程整体建设水平提高，通过在教学内容、教学方法和手段、教学梯队、教材建设、教学效果等方面的较大改善，全面带动我国高等学校的课程建设水平和教学质量提高。精品课程拓宽了学生的视野、专业面，培养了学生的创新能力。

实现优质教学资源共享，实现课程的教学大纲、授课教案、习题、实践(实验、实训、实习)指导、参考文献目录、现场教学录像等课程资料全部上网，为广大教师和学生提供免费共享的优质教育资源。

通过精品课程的建设，可以造就一批一流的师资队伍，建设一批一流的教学内容，产生一批一流的教学方法，出版一批一流的教材和创造一批一流的教学管理。

推动新型教育教学改革的实施，精品课程的建设为专业建设、人才培养模式的改革打开了方便之门，新型课程开发为人才培养模式、改革的有效实施提供了有力的支撑和保障。

3. 精品课程的建设重点

以人才培养为唯一目标建设精品课程。按照相关教育法律、法规规定，本科教学要求学生系统地掌握本学科、专业必需的基础理论、基本知识，掌握本专业必要的基本技能、方法和相关知识；具有从事本专业实际工作和研究的初步能力。可见教师的责任是人才培养，而课程是实现人才培养最有效、最直接的载体。课程是本科教育的主战场，精品课程是提高人才培养质量的试验田和先锋队。

课程建设要与学校的人才培养定位、人才培养模式相一致，相互支撑。不同的学校应该根据学校自身层次、特点等实际情况开展课程建设和精品课程建设。以人才培养质量为最终目标，遵循教育教学规律，在教学内容、教学方法、教学手段和教学效果方面深化课程建设和改革。同时加强师资、教材、资源、实验室、图书馆等方面的教学保障。重点做好以下几方面建设：①在教学内容方面：要处理好经典与现代、理论与实践的关系，重视在实践教学中培养学生的实践能力和创新能力。②在教学条件方面：重视优质教学资源的建设和完善，加强课程网站的辅助教学功能。③在教学方法与手段方面：灵活运用多种教学方法，调动学生学习积极性，促进学生学习能力发展，协调传统教学手段和现代教育技术的应用，并做好与课程的整合。④在教学队伍的建设上：注重课程负责人在实际教学工作中的引领和示范作用，促进教学团队结构的完善和水平的提高。⑤体现能力导向的教育：以学习能力为代表的发展潜力是用人单位最关注的素质之一。通过教育唤醒学生的力量，培养学生自我性、主动性、抽象的归纳力和理解力。⑥重视教学内容和课程体系的改革：更新教学观念，优化教学内容，采用先进的教学方法和教学手段，深化课程体系改革。

将课程培训纳入高校师资培训，将精品课程建设和师资培养结合，促进教师专业发展。将教师课程培训纳入高校师资培训，形成制度。列支专项资金资助教师参加课程培训，加强兄弟院校之间的交流，提升教师的业务能力，强化更新教师人才培养的观念，提高教师授课积极性。以精品课程建设为抓手，培育一批优秀教学骨干队伍，逐步形成一支主讲教授负责的，结构合理、人员稳定、教学水平高、教学效果好的教师梯队。

完善管理机制，提高教师课程建设与改革的积极性，高校应从管理机制上进行调整，一方面加大精品课建设的资助力度。从学校的津贴奖励方面给予大力倾斜，提高教师课程改革的积极性和动力，让教师能够全心投入课程建设。另一方面加强课程建设的监督管理，对于建设效果不好，示范共享工作不到位的课程给予相应的惩罚。

认真研究教学过程，精心进行教学设计，课程的课堂效果是人才培养质量的关键环节，如何使课堂达到最佳效果，值得认真研究。应该对教学的各个环节精心地研究，对教学过程进行系统的整体设计。

第一，明确课程的培养目标。如学生应该掌握哪些知识、培养何种能力、锻炼什么精神等。第二，对课程的教学模式设计。包括理论授课、实验（践）课程的课时分配和现行后续关系及课外讲座内容设计和辅导答疑安排等。第三，教学内容的设计。教学内容重点难点、先行后续关系、学时分配等。第四，教学方法的设计。根据不同课程的性质特点设计合适的教学方法，最大程度地调动学生学习的兴趣，使课程生动，具有吸引力。第五，学生学习方法的设计。教师采取各种方法努力讲好课的同时，还要让学生知道如何学。让学生充分利用课上课下时间，有目的地按照教师事先设计好的方向去学习。第六，对评价方法的设计。从系统的角度考虑，根据课程培养目标、教学方法、教学内容等建立协调一致的评价方法。第七，保障课程实施效果的过程性工作的设计。制订了课程的目标，设计了教学方法、学习方法和相应的评价方法之后，要想取得理想效果，必须加强过程管理，建立过程中主要环节的监督机制，实现目标管理和过程管理的有机结合。

（二）“精品资源共享课”建设与管理

1. 中国大学资源共享课建设是现代信息技术催生高等教育深刻变革的产物

中国大学资源共享课适应时代要求，把现代信息技术与教学活动紧密结合起来，提供全新的知识传播模式和学习方式，使个性化学习成为可能，使不同人群共享优质资源成为可能，使更多社会学习者接受优质高等教育，促进教育公平成为可能。

2. 开展资源共享课的建设与共享是落实教育规划纲要的重要举措之一

《教育信息化十年发展规划（2011—2020）》提出，要推动信息技术与高等教育深度融合，创新人才培养模式，实施优质数字教育资源建设与共享行动。为此，教育部、财政部从 2011 年开始启动实施“十二五”期间“本科教学工程”，并将“国家精品开放课程建设与共享”列为重点项目。开展资源共享课的建设与共享是高等教育领域又一项贯彻落实教育规划纲要的重要举措。

3.适时推出中国大学资源共享课是增强我国高等教育国际竞争力的需要

2012年,以美国为代表的高等教育发达国家兴起了大规模在线教育,这一举措加速了高等教育的全球化发展和全球化竞争。适时推出新型的中国大学资源共享课在线教育,将在国际上进一步展示我国高等教育改革发展的成果,同时通过参与国际竞争,促进高等教育质量提高,推动全球高等教育深刻变革。

第三节　高校教育质量监控管理体系

学校开展的各项教学活动是教学质量的一种动态体现,是学生在教师的引导下,系统学习科学文化基础知识和基本技能,确立科学的世界观、人生观和道德观,发展智力和体力,提高学生全面素质的过程。因此对整个教学过程实施质量监控,确保教学过程各个环节的有效运转,真正做到按教学自身发展的规律组织教学,运用科学的方法管理教学,调动全体师生在教与学当中的积极性、创造性,实现教学管理科学化、民主化、现代化是非常重要的。通过监控体系的建立与实施,不断提高高等学校的教育教学质量。

一、重构教学质量监控的过程管理体系

在新时期,深入贯彻《国家中长期教育改革和发展规划纲要》,再造合理、完善的教学质量监控体系是全面提高教学质量的必然要求,是依法治理学校的良好体现,关系到学校发展的各个环节,是一项庞大的系统工程,也是学校改革与发展的一项艰巨任务。高等学校教学质量的主要影响因素分硬件与软件两方面,硬件方面主要是教学设施条件,软件方面有生源质量、教师的教学水平、学生的学习水平、校风、教学管理水平等。其中教学质量管理在学校现有办学条件下起着非常重要的作用,其重点是对教学的全过程进行有效的教学质量监控。在新形势下,采取一系列措施再造与重构教学质量监控过程管理体系并付诸实践,对于全面提高教学质量起着关键的作用。

(一)指导思想与基本原则

1.指导思想

坚持以教学质量为生命线和以学生为本的指导思想,重视教学各环节的教学

质量,使教学质量监控与保障体系运行始终围绕高素质创新人才的培养。

2. 基本原则

(1)目标原则

教学质量监控与保障的目的是保证完成教学任务,实现培养目标。其任务就是发现偏离于计划目标的误差,并采取有效的措施纠正发生的偏差,从而确保教学任务与培养目标的实现。

(2)全员性原则

教学质量离不开全体师生员工的共同努力,人人都是质量监控与保障系统中的一员,其中学生是主体,教师是主导,系(部)、教研室是基础,职能部门是核心,院系领导是保证。

(3)系统性原则

教学质量涉及教师、学生、教学设施等多方面,同时与学院办学定位、培养目标和管理等密切相关,是一个系统共同作用的结果。由学院、职能部门、系(部)、教研室和学生班级等构成的一个多层次、纵横交叉的网络,是一个完整的教学管理系统。

(4)全程性原则

教学质量主要是在教学实施过程中形成的,质量监控与保障系统应能对教学的全过程进行监控,要做到事先监控准备过程,事中监控实施过程,事后监控整改过程。

(二)目标与保障措施

1. 目标

构建教学监控与保障体系,重点是建立和完善科学、合理、易于操作的评估高校本科教育教学管理研究与进展指标体系与相应的奖惩制度。通过教学质量的动态管理,促进学院合理、高效地利用各种资源,保证教学工作的正常运行,全面提升学院教学质量。

2. 保障措施

(1)组织保障

确保教学质量保障与监控体系的正常运行,充分发挥全员性原则,建立校、院两级组织机构,形成“专兼并举、主辅结合”的管理队伍,形成管理合力。

(2)制度保障

使各项教学管理工作制度化、科学化、规范化和现代化,保证教学工作有序进行与教学质量不断提高,系统地建立一套较为完整的管理规范体系,使整个教学活动有章可循、规范有序。

(3)经费保障

促进教学质量不断提高,在教学设施建设、专业建设、课程建设、师资队伍激励等方面按照建设与发展要求,给予经费支持。

(三)教学质量监控与保障体系的构成

教学质量监控与保障体系由教学质量决策、教学质量监控、教学质量实施、教学质量信息收集、教学质量信息反馈五个子系统组成。它是一个逐层向下监控、逐层向上负责的“责权合一”的质量管理系统。本科教学工作的组织、安排,责任在学校及各相关学院,教学环节的设计与实施的责任在教师。

(四)教学质量监控与保障体系各子系统的功能

1.教学质量决策系统

教学质量决策系统由主管教学校长负责的教育教学建设委员会组成。通过教育教学建设委员会等组织开展教学决策活动,负责对教学工作进行宏观指导与管理,审定各教学环节的质量标准,协助协调各院(系)、职能部门按照既定的发展定位、办学理念和人才培养目标,制订本科教育教学改革与发展规划和条件建设计划。

2.教学质量监控系统

教学质量监控系统由学院(系)党政一把手负责的院级领导小组组成。通过制定一系列规章制度,激励广大教师开展教学工作,负责组织学院(系)教育教学建设委员会委员、教学督导专家、管理人员及学院(系)聘请的其他人员,对教学工作各个环节进行质量巡查,开展本科教学工作状态监控,实施质量评估。

3.教学质量实施系统

教学质量实施系统由教学副院长(主任)负责的教学质量保证系统组成,负责落实学院(系)教学工作的中心任务、落实授课教师教学任务、推进教学内容与课程体系改革、做好专业、课程、教材、现代化教学手段建设等工作;配合学院(系)完成对各教学环节教学工作的状态监控和质量评估。

4. 教学质量信息收集系统

由院(部、系)教学副院长(主任)负责的教学质量信息收集系统组成,包括教师评学、学生评教。通过各种方式,广泛收集各级各类人员和学生对教师课堂教学效果的评价意见;对教风学风建设、教学改革的有关建议;对实践教学环节,尤其是对毕业论文(设计)的意见和建议等。汇总、处理各类意见和建议,及时反馈给相关学院、授课教师、学生班级和学生管理部门等。

5. 教学质量信息反馈系统

由院(部、系)教学副院长(主任)负责反馈教学状态及质量测评结果,信息及时到位,问题、责任到人,发现问题限期整改。对于通过教学检查、质量抽查或其他渠道获取的教学信息,通过文件、报告、简报或校内媒体等方式及时发布给有关教学单位和部门,要召开教学信息反馈会,敦促教学问题尽快解决。

(五)教学质量监控的主要环节及实施要点

1. 专业建设

专业建设的主要监控点为人才培养目标,人才培养方案的制订、执行与调整,专业办学水平与特色,课程体系建设等方面。

2. 课程建设

课程建设的质量监控主要从建设目标、实施计划、课程师资梯队、特色创建、改革成效等方面进行评价。

3. 教学大纲的实施

教学大纲是进行教学管理、教师组织教学的主要依据。对教学计划、教学大纲实施情况的监控主要从课程安排情况、教学计划落实情况、实验课开设情况、实践环节的落实情况、教学大纲编写、教材选用、学生考试情况等方面进行评价。

4.课堂教学

课堂教学是教学质量的核心环节。主要从课前准备、教学过程、课外作业与辅导、成绩考评等方面实施监控,包括备课是否充分、教案是否完整、教材是否恰当;讲授是否清晰、概念是否准确、内容是否更新、重点是否突出、是否启发思维、是否因材施教;课后作业与辅导是否到位;学生课程学习成绩考核是否科学、合理等。

5.教材质量

对教材质量的监控主要从教材水平、使用效果等方面进行评价。

6.实践教学

实践教学监控主要考核创新科研实验平台的内容与体系改革,实践计划、执行及效果。

7.毕业设计(论文)

毕业设计(论文)监控主要从选题性质、难度、分量,开题、中期、答辩、综合训练度、指导教师资格与水平及精力投入,学生学习态度、实际能力、设计(论文)质量、规范度、基础理论与专业知识、学术水平等方面进行评价。

8.教学效果

教学效果监控主要从讲授质量、教学方法运用、教学手段的使用,教书育人、因材施教、学生学习课程知识的情况,考核试题与评阅质量等方面进行过程监测和事后评价。

9.教学改革

教学改革一方面着重于教学管理、教学内容与课程体系、人才培养模式、实践教学、文化素质教育等方面的改革成效;另一方面侧重于教学内容的改革、教学方法与手段的创新、多媒体课件的开发,争取教改项目的积极性、推出教研成果、编写并出版高质量的教材或教学参考书等方面。

二、高校教学督导现状及其队伍建设

《国家中长期教育改革和发展规划纲要(2010—2020)》提出了“提高人才培养

质量，健全质量保障体系"，进一步明确了教学督导的性质定位，规定了教学督导的使命和作用，为教学督导工作带来了新机遇的同时，也提出了新的要求，使教学督导工作面临着一个新的转折期。

教学质量是学校的生命线，加强教学管理，建立行之有效的评价与约束机制，构建合理的教学质量监控与保障体系，成为高校十分关注与亟待解决的重要工作，教学督导体制作为教学质量监控系统体系的重要子系统，也成为教学管理改革与发展的必然趋势。

教学督导是高校对教学质量监督、控制、评估、指导等一系列活动的总称，目前主要的工作方式是通过对教学活动全过程和教学管理进行检查、监督，掌握情况，总结经验，发现问题，并及时分析指导，从而保证教学质量的提高。

（一）教学督导的现状

1. 教学督导的制度保障与运行机制方面

随着高等教育改革的不断深化，高校教学质量的竞争越来越激烈，许多高校为提高其核心竞争力，先后建立了校、院（系）两级教学督导制度，一般情况下这些督导机构都是在主管教学副校长的领导下开展工作，按照国家教育方针、政策和学校的规章制度，以专家身份面对校内的教与学双方和教学过程，对影响高校教学质量的各种因素进行监督、检查、评估、指导等活动。多数高校制定了专门的教学督导文件，以保证教学督导工作有章可循，如《北京科技大学本科教育教学督导组工作管理办法》《广东工业大学教学工作督导工作规定》《华北理工大学教学督导委员会工作实施细则》等，对教学督导的职能定位、职责及人员组成做出了界定。如华北理工大学在选聘督导人员方面要求聘请治学严谨、为人师表、学术水平高、教学经验丰富、有一定影响力的教授，退休教授与在职教授比例为 2∶1，有力保证了教学督导工作的有效实施。

大多数高校教学督导机构有两种模式，一种是由校长或者主管教学工作的副校长直接领导下的独立部门，与教务处平行没有隶属关系的教学督导部门；另一种是挂靠在教务处或高教研究所，或是教务处下属的一个科室、督导组。第二种模式占较大比例，督导组可以较方便、及时地获取信息，但缺乏自身机构的运行机制和规则，缺乏有效的制度和机制保证，教学督导的定位不明确，工作职责不明确，督导效果不明显。

2. 教学督导的工作职能与工作方式方面

调查分析发现，许多地方高校教学督导工作开展的效果很好，如教学督导人员随机性、经常性深入课堂听课，将问题及时向学校反馈，学校及时采取措施进行解决，保证了日常教学秩序的正常运行；教学督导人员参与各教学单位的教学检查，推动了二级学院教学管理的不断完善与健全；教学督导人员通过课堂教学督导与教师专项培训活动，促进了青年教师快速优质过教学关，提升师资队伍水平等。

部分地方院校把教学督导工作简单地理解为督促检查，具体工作就是帮助学校收集信息、做出评价、上报结果，重检查轻指导、重发现问题轻解决问题，督导工作停留在“找毛病”的阶段，如有的高校只通过督导人员听几次课就简单地对教师课堂教学质量进行评定，而且评定结果与职称、评优、评先考核结合。不仅教学督导职能没有得到充分发挥，而且容易使教师对督导工作产生抵触态度，产生误解，形成逆反心理，使督导工作难以达到真正的效果。

(二)强化教学督导工作的措施

1. 构建健全的督导制度体系

(1)确定合理的督导模式

随着新一轮普通高等学校本科教学工作合格评估的开展，学校应以促进教学质量的提高为重心，以发现问题为前提，以改革教学环节为途径，重新定位教学督导工作，重构与本科教学合格评估相结合的校、院二级督导管理机构，在二级学院成立院级督导小组，教学督导工作重心下移，进一步强化各学院的自我质量监控功能，充分调动二级学院的积极性，发挥各学科专家在各自专业方面的优势，使督导工作更有针对性与实效。

(2)健全教学督导体系

进一步明确督导人员的责、权、利，提高教学督导在质量监控体系中的地位和作用，强化其督导功能。

2. 督导与服务相“融合”

“导”是教学工作的重点内容，“督”是为了更有效地“导”，以“督”为辅，以“导”

为主，两者相融合才能使“导”具体到位，“督”得到延伸和落实。督导人员要通过对教师工作的“督”，了解和掌握其不足，帮助他们解决教学中出现的问题，改革教学方法与手段，提高教学技能；督导人员要挖掘教师的潜能，帮助他们总结经验，养成个性化的教学风格。同时，校院两级管理部门要定期组织召开督导工作会议，听取建议，梳理信息，解决督导中存在的问题，帮助督导人员提高工作效率与督导水平，以便更好地服务教学工作。

3.构建“三督一体”督导内容体系

教学督导的内容包括督教、督学和督管三个主要环节。督教是对教学环节的监督检查，大部分地方高校较重视督教，而督学和督管工作未得到体现。督学是对学生学习活动过程的检查与指导，学生是体现学校教学质量的载体，是教学督导的重要对象。督学的内容包括学生“三观”、思想教育觉悟、学习自觉性等德智体多方面；通过督学促进学生自我控制、自我管理，提高学生综合素质。督管是对教学管理人员的检查指导，一方面，学校要对教学管理人员的工作进行检查评议，保证教学管理部门最大限度地履行其教学管理职责；另一方面，学校要对教学管理人员进行系统的教学管理知识培训，提高教学管理素养和能力。可见，只有构建“三督一体”的督导内容体系，才能真正全面、高效地发挥教学督导的作用。

4.加强督导队伍的专业化建设

国外历来重视督导人员的整体素质，督导人员精通教育理论、教育管理与教学实践。建立一支专、兼职相结合，专业、年龄结构合理，素质良好的督导队伍是高等教育教学改革与发展的需要，也是高校提高教学质量的必然要求。高校要加强督导队伍的专业化建设，加强督导队伍的专业结构优化，要求督导人员具有专业知识、专业技能和职业道德；建立有效的教学督导人员培训机制；明确其职责与职权；加强其理论与技术研究，提高督导工作水平。

综上所述，教学督导作为一项保证教学质量的有效手段，在教育决策的制定、教学管理的规范和教学质量的提升等方面发挥了积极的作用。高校的教学督导系统能否顺利构建及优质运行，其关键取决于是否具备一支高素质的督导队伍。

第四章　高校大学生心理管理

随着我国教育的不断发展，高校也取得了蓬勃的发展，大学生就业压力也随着大学生数量的增加而日益上涨，随之而来的心理问题也日渐突出，目前我国高校大学生心理健康状况堪忧。高校具有一定的特殊性，如何解决高校大学生心理健康问题，促进大学生健康、全面和可持续发展是当前社会比较重视的一个热点问题。

第一节　大学生的自我意识

进入大学的学生，都会思考一个问题："我是谁?""我有什么目标?""我为什么上大学?"等形而上学的问题。当我们再问一个简单的问题：请你向别人描述你自己时，你首先想到的特征是什么？是你的性格特征，如外向、内向？还是外表特征，如高、矮、胖、瘦？还是社会类别，如男、女等？事实上，你可能更倾向于用概括性的语言对自己做一个总体评价。如"我是一个追求优秀的大学生""我是一个有理想、有抱负但有些懒惰、自制力弱的人"等。所有这一切，都是大学生自我意识的真实体现。

一、影响大学生自我意识发展的因素

影响大学生自我意识发展的因素可分为主观因素和客观因素两大方面。

(一)主观因素

影响大学生自我意识发展的主观因素主要有理想、价值取向、思维模式、心理与人格等，本书重点论述理想和价值取向。

1. 理想

理想是人们对未来所抱有的希望。理想始终在潜移默化地影响着一个人的思想和行为。确立什么样的理想，对人的一生有重要的作用。大学生处于生理和心理还未完全成熟的时期，自我意识也处于发展之中。因此，理想的树立对他们来说是成长过程中一个重要的环节。

在大学生自我意识形成和发展中，理想有两方面的影响：第一，理想的感召力。理想是人的自觉的精神行为追求，树立了理想，人就有了精神支柱，有了动力。大学生如果自觉地把个人理想和社会理想结合起来，就会正确认识自我，正确认识各种社会现象。反之，夸大个人理想，把个人理想和社会理想对立起来，既不能正确认识自己，也不能正确认识社会。第二，理想的现实基础。理想总是有一定现实根据的。有许多大学生的自我发展不顺利，理想得不到实现，就是没有根据现实确立理想，“理想我”与“现实我”差距太大，甚至无法统一，其原因就在于此。

2. 价值取向

价值观就是人们基于生存、发展和享受的需要，在社会生活实践中形成的关于价值的总观点、总看法，是人们的价值信念、信仰、理想、标准和具体价值取向的综合体系。在不同的价值观影响下，人有不同的自我意识。大学生自我意识的一个特点是“理想我”与“现实我”的冲突。个人利己主义的价值观念具体反映到大学生的自我意识里，就是抽象地谈论“人”、人的价值，认为社会只是为自我发展提供条件，这样脱离社会的“理想我”构想和“现实我”的冲突就是不可避免的了。我们鼓励学生在集体主义的价值观指导下树立“理想我”，这种“理想我”不是一切以自我为出发点，而是考虑到社会现实、社会现实与自我的关系、社会现实背景对自我发展的约束，这样才能正确认识自我的地位、作用，正确地对待自我价值，从而形成符合国家和社会利益的自我意识，以便充分发挥自己的才华。

大学生正处在青年末期向成年期的过渡时期，心理上也相应地处于尚未成熟向成熟的发展阶段。尚不成熟的心理水平使一些难以克服的心理和人格弱点成为影响他们自我意识发展的又一重要因素。大学生有限的认识水平、不够强的心理承受力、性格上的缺陷等，都会影响他们自我意识的发展。

（二）客观因素

影响大学生自我意识发展的客观因素主要有社会环境、文化氛围、学校和教师等。

1. 社会环境

人是社会性的存在而非孤立的抽象物，个体及其自我意识必然受到他所处的社会环境的影响。随着改革开放的不断深入，社会转型和变迁加剧，当代大学生正处在一个社会日益变动的时代。这种活跃开放的社会环境的确为大学生施展才华提供了更为广阔的天地，但也给他们带来了更多的选择和心理矛盾与心理压力。社会环境的竞争性既给他们鼓舞，也将不确定性和不安全感带给了他们。这既可刺激完善自我、超越自我的追求，也可导致心理失衡和自我的失落。加上社会风气的影响，也会加剧大学生自我意识的矛盾冲突。

由于大学生的心理、思想还不成熟，对社会风气还不能做出完全正确的分析和判断，因此，社会风气对大学生的自我认识、自我评价，对大学生关于理想、前途的认识，都会产生关键性的影响。同时，社会风气是在一定时期内形成的，它必然反映在人们的意识中，而形成意识的过程是长期的。所以一旦形成一种意识后，其影响也具有长期性。大学生自我意识是从中学生自我意识延续下来的，在大学生自我意识中还要加强、完善。同样，在大学生走向社会成为国家建设者后，他们的自我意识也是在差不多相同的背景上形成的。因此，我们一定要重视社会风气的影响，并通过团体心理辅导尽可能消除一些不良的社会风气影响。

2. 文化氛围

文化氛围的影响包括以下两个方面。

(1)社会主导文化的影响

所谓“主导文化”是指在某一社会占主导地位的文化，它影响和制约着整个社会生活，是这一社会的灵魂。我国是社会主义国家，社会主义思想体系无疑是目前我国占主导地位的文化。受这一社会主导文化的影响，当前青年学生在自我意识中投身改革、奋发向上、报效祖国、推进社会进步成为其主流。从总体上来说，他们的个人目标和社会前进方向是一致的。

(2)社会亚文化的影响

“社会亚文化”是某一社会中处于次要、从属地位的文化。一般来说，亚文化与主文化的可融性较少，并往往以反或逆主文化的面孔出现，青年学生就难免不受它的影响。由于受到年龄、知识结构、接触社会层面等的限制，社会亚文化在他们当中占有相当的市场。但只要我们正确引导，他们的价值观就一定会随着社会的主旋律而健康发展的。

3. 学校和教师

个人人际环境是个体直接参与和接受影响的亚环境，是自我的现实存在圈。个人人际环境主要指个人成长中的重要他人及其人际氛围，如父母、家庭、老师、学校、朋友、团体等对自己的影响。大学生已离开家庭、父母，进入大学学习生活，对大学生自我意识的发展影响最大的个人人际环境应数学校和教师了。教师在大学生自我意识的形成发展中有重要影响。教师因有丰富的知识而受到学生的尊敬。教师的言行、品德、信仰、精神境界等，有意无意地影响着学生，并受到学生的效仿。所以，教师角色不同于学校环境外的其他“角色”，对学生的影响作用是独特的。

因此，我们应把握影响自我意识发展的各种因素，巩固和发挥这些因素的积极影响作用，减少并尽量消除其消极影响，以便促进大学生准确地了解自己。

二、大学生积极自我意识的构建

自我意识是人格发展的核心要素，在自我认知、自我体验与自我控制三者相互影响、相互作用的过程中，大学生自我意识经历了分化—矛盾—整合后逐步成熟。

(一)认知训练，发展自我

我们应从当代大学生自我意识发展的规律入手，教育和引导大学生树立正确的人生价值观，帮助大学生建立良好的自我意识的导向系统。教育实践证明：对教育效果起决定作用的环节在于被教育者根据自己的需要有选择地接受社会道德规范、价值观念等要求，使之“内化”为个体的思想品德意识，再“外化”为个体的道德行为。这种“内化”和“外化”作用是任何他人也无法替代的心理过程。一方面，在价值观教育中充分利用大学生自我意识分化其矛盾的积极因素，并排除其消极方面，就有可能促进大学生自我心理的调节；另一方面，使其矛盾中的“理想我”和“现实我”逐步走向统一，达到自我教育的最高境界，为其自我意识的完善奠定良好的基础。

1. 正确认识自我，全面评价自我

正确认识和评价自我是自戒调控的重要因素，是塑造、完善自我意识的基础。大学生对自己的价值观、愿望、动机、个性等特征及自己的所作所为有一个正确且全面的认识和评价，就能够取长补短，调控自我，发展自我和完善自我。真正地认识自己、全面评价自我的方法很多，主要有：①与他人比较认识和评价自己。个人认识与评价自己的能力、自己的价值、自己的品德及个性特征往往是通过与他人

的比较而实现的。与他人比较，最重要的是要选择恰当的参照系。大学生不仅仅要与自己情况差不多的人相比，更要与优秀的人们相比，与理想的人物和标准相比，“见贤思齐焉”。②从他人对自己的态度中认识和评价自我。人们总是要在与他人的相互交往中不断深化对自己的认识，同时也在认识和评价他人，在评价他人过程中，也接受他人对自己的评价。③通过反省自己的心理活动和行为来认识、评价自我。随着大学生自我认识与自我评价能力的提高，大学生必须经常反思自我，勇于并善于将自我作为一个认识的对象，严于解剖自我，敢于批评自我。④积极参加实践活动，借活动成果认识和评价自我。大学生应打破自我心理闭锁，增加生活阅历，在积极参加实践与交往中使自己的天赋与才能得以发挥，以便进一步全面评价自我和发展自我。⑤综合分析评价。将通过各个途径获得的关于自我的信息进行分析、综合与比较，实事求是地全面评价自我。

2. 欣然接受自我，恰当展示自我

对大学生来说，认识自我固然不易，接受自我和展示自我常常更难。欣然接受自我，就是对自己本来面目的认可、肯定和喜悦的态度。欣然接受自我有助于维护和增进心理健康。将一个真实的我、本来的我展示于人们面前，可以让别人了解自己，展示自我有助于密切人际关系，有助于正确认识自我和评价自我。此外，唯有欣然接受自我，才能自重自爱，珍惜自己的人格和声誉，努力进行自我修养，谋求自身的发展。欣然接受自我要做到以下几点：一是要全面、正确地评价自己。对自己的长处短处不能夸大，也不要贬低。二是要正确对待短处。短处有两种，一种是能够改进的，如不良的习惯等；另一种是无法补救的，如先天的身材矮小等。对前一种短处要闻过则改，不可文过饰非；而对后一种短处则要勇敢地面对它、承认它、接受它。三是要正确地对待失败。有的人面对失败一味地自责、贬低自己，使自己丧失信心。我们要清醒地认识到眼前的失败并不代表永恒的失败，须知“失之东隅，收之桑榆”，大学生应正确地对待失败，做生活的强者。

3. 努力塑造自我，积极超越自我

认识自我、悦纳自我是为了塑造自我、超越自我。只有自觉地塑造自我的大学生才能更好地发挥人所特有的自我教育功能。大学生既要注重自我又不应固守自我。一个人要想在社会中扎根，就必须努力超越自我。超越自我就是超越现实自我而成为理想自我的过程。“自我”是在超越自我的过程中不断发展完善的，

因此,大学生不能满足于现在的“我”,而应充分认识到自己所处的时代,感受到肩负的历史重任,尽全力地发挥自己的才华,发掘自己的潜能,使自我得以发展。

(二)感悟体验,洞察自我

一般来说,“现实我”与“理想我”总是不一致的,二者之间总是有着距离,如何看待这二者的距离直接关系着自我体验。当对缩短距离充满信心时,人会产生积极体验,也就是“自信”,认为自己可以努力提高“现实我”以实现“理想我”。自信是大学生较为普遍的优秀品质,但有些学生自信过度,自我感觉太好,骄傲、自大,听不进师长的教诲,听不进同龄人的意见,一意孤行,这种自我膨胀过度的自信是“自负”。自负的人缺乏自知之明,容易失败,也容易受伤。相反,有的学生在将现实我与理想我做比较中,体验到的是“失望”,认为现实我与理想我的差距太大对自己缺乏信心,把目光总盯着自己的缺点、不足,从而逃避退缩,这就是“自卑”。自负与自卑都会影响大学生的心理发展和人格成熟,是不容忽视的自我意识偏差。

(三)适时调控,完善自我

自制力强的人,常会克制自己的情绪,做事有计划性,自我发展方向明确。自制力弱的人,常会不顾场合宣泄一番,表情就是“晴雨表”,行为充满“情境性”。自制、自律、自觉等是积极的自我控制的描述,而自我放弃、懒惰、逆反等则是消极的自我控制。大学生在自我控制上开始有了明显的自觉性、主动性,但在追求上进的同时,遇到困难、挫折在所难免,因而不少大学生常常情绪波动,在困难面前望而生畏、自我放弃。

另外,大学生随着自我控制独立性的增强,常表现出力图摆脱社会传统的约束,按照自己的意志行事。绝大多数大学生自认为自己已达到法定的公民年龄,强烈要求像成年人那样独立自主地行事,不愿受父母的约束和教师的训诫。然而大学生在摆脱依赖、走向独立的过程中,有时会矫枉过正,表现出过分的独立意向,导致产生逆反心理,其表现为不分正确与否,一概排斥,情绪成分很大,有时只是为了反抗而反抗。逆反的对象主要是家长、老师及社会宣传的观念和典型人物等,其结果是阻碍了他们自己学习新的或正确的经验。大学生要学会对自己进行适时的调控,努力完善自我。

第二节　大学生的情绪

一、大学生情绪情感发展的特点

(一)大学生情绪情感的特点

1.大学生情绪情感发展的特征

大学生正处在青年时期,他们的情绪与其整个心理过程一样正处于蓬勃发展的时期,即由不成熟迅速走向成熟的重要时期,并且情绪的成熟比认知的成熟较晚一些。大学生情绪最基本的特征是它的两极性和矛盾性。

大学生情绪的矛盾性是指大学生的生理与心理、个人需要与社会满足、理想与现实差距、理想的我与现实的我之间等矛盾冲突带来的情绪上的反应。因此,情绪的两极性是情绪矛盾性的外化和表现形态,而这种情绪矛盾性的极端形式就是情绪的两极性。

2.大学生情绪情感的发展特点

由于情绪的两极性、矛盾性,往往使大学生的情绪呈现出以下特点。

(1)情绪体验丰富多彩

大学生处在心理未成熟向成熟发展的过渡期,他们的情绪表现出既有儿童少年时期残留下来的天真幼稚,又有成年期的深思熟虑,而两性情感的介入更使大学生的情绪表现多姿多彩。一般认为,随着年龄增长,年级升高,大学生的社会性情感越趋丰富,更多地表现出关心他人和社会,积极思索人生的情感倾向。另外,不同的个体在情感发展、情绪表现上呈现出一定的差异性,男女的情绪各有自己的特点。这就使大学生这一群体的情绪体验表现出丰富多彩的特征。

(2)情绪波动较大

随着认知水平的提高、知识经验的积累,大学生对自己的情绪已有了一定的控制能力,情绪趋于稳定。但同成年人相比,大学生情绪仍带有明显的波动性,时而激动时而平静,时而积极时而消极。学习成绩的优劣、同学关系的好坏、恋爱的成败等，都会引起大学生情绪的波动。

（3）情绪体验强烈并易冲动

大学生在外界刺激下表现出强烈的情绪体验，很容易产生冲动性情绪行为，表现得感情用事，也表现出情绪易心境化。例如：在心境平静时，对别人的玩笑会无所谓，而在心情烦躁时，就会因开玩笑、小事情发起猛烈攻击。大学生中发生打架斗殴的事件大多属于此。

（4）情绪的不稳定性和可控性并存

大学生的情绪由于带有两极性和矛盾性的基本特征，所以其情绪就表现出稳定性和波动性并存，即有一定的控制力，但同成年人相比仍带有明显的波动性。外显性与内隐性并存，即他们的喜怒哀乐常形于色，但又有意识地控制自己的情绪，学会了一些曲折的文饰的表达方式。冲动性与理智性并存，即大学生虽有强烈的情绪体验，易冲动，但他们的理智、自控能力已有了较高程度的发展，多数情况下是能理智思考问题的。由于大学生具有较高的文化修养，具备反省自身弱点的能力和控制自己情绪变化的能力，因此大学生情绪又表现出可控性的特征。

（二）大学生情绪情感发展的阶段性

大学生情绪和情感的发展呈现出明显的阶段性的特点。由于不同年级学生面临的问题不同，发展目标与培养重点不同，其情绪发展也各有不同。

一年级学生情绪情感存在着正负性情绪交织，情绪波动较大的特点，如自豪与自卑、快乐与痛苦、轻松与紧张、新鲜和怀旧等。这与他们生活、学习、人际交往等各方面环境的变化有关。刚刚跨入大学校园的新生，有着成为一名大学生的自豪，对大学新生活充满新鲜或好奇，还体验着高考之后的轻松和愉快，且大一学习任务相对轻松，一切还未定型，他们有充足的时间和机会，对未来充满了美好的憧憬和向往，自然他们也有更多的信心和快乐。邓丽芳等的研究表明，大一学生的快乐感明显高于大四学生。

但随着学习内容、学习方式的变化，人际交往对象的变化，新生活的适应及竞争的激烈、理想与现实的落差等都会引发他们的自卑、紧张、焦虑。齐平等调查显示，能很顺利地度过由高中到大学的转折期的学生所占比例总共不到百分之一，而绝大部分同学都有着这样或者那样、时间或长或短的情绪困扰。造成大学生困扰情绪的事件主要有适应不良、学习问题、学校或专业不满意、人际关系不良等。

二、大学生情绪自我调节的策略

人类既有积极的情绪存在，也有消极的情绪存在。情绪健康并不意味着总是处于良好的情绪状态中。如果没有消极的情绪体验，感受不到忧、愁、悲、苦等，也就无从体会喜形于色、心花怒放、兴高采烈、无忧无虑等感觉。经历一定的消极情绪，会增加对积极情绪的敏感与体验，同时通过对消极情绪的调适，习得了情绪调节的策略，从而增进积极情绪体验。如经历了痛苦，对快乐的感觉会体会更深，而只有经历了刻骨铭心的痛苦，才会体验到深沉的幸福，也知道了如何更好地追求幸福。因此，体验各种适度的消极情绪反应，并加以适当的自我调节，均属正常。重要的是能够合理调适和消除不良情绪，学会保持愉快的情绪和良好的心境。

（一）认知调控

情绪的产生、性质及程度都与认知因素有关，人可以通过提高认知水平，学会对情绪的自我调控，培养、保持健康的情绪。

1. 正确认识自我

（1）全面认识自我，接纳自我

现实生活中许多人为自己的缺点和不足闷闷不乐、耿耿于怀。然而“人无完人，金无足赤”，任何一个人都有缺点。要克服自己的不足，首先必须接受这种不足，认识到改变的可能性和可行途径，才可能会发生良好的改变。如果一味关注自己的不足，就会形成消极自我暗示，产生自我否定体验到消极情绪。

（2）正确评价自我，合理规划自我

许多情绪问题都源于负向的自我概念、自我评价。自我评价偏低，对自我的认知消极、悲观，情绪自然消沉，行动缺乏激情，缺少努力，体验不到成功，又会造成消极情绪体验，形成恶性循环。对自我评价的偏差，也会影响到自我理想的确立。评价过低，自我期望低，目标缺乏激励作用，没有吸引力；评价过高，理想目标设置也会偏高，理想自我与现实自我的落差也会引致焦虑，甚至体验到失败。因此，个体要客观合理地对自己做出评价，既要看到自己的优点，也要意识到自己的不足，直面自我，合理规划未来。

2. 转变认知视角

在日常生活中，我们观察和思考问题总是习惯以自我为中心，把自己的目的、需要、态度、价值观念、情感偏好、审美情趣等作为标准尺度来衡量外在的事物和观念。面对同一件事，不同的人有不同的态度，同一个人在不同时期对同一事物也有不同的看法和态度。生活中很多烦恼都是因为我们用固定的或自我的模式去观察问题，导致认知上的偏差、人与人之间的误会和矛盾，从而产生不良情绪体验。如果能转换观察问题的视角，就可在很大程度上改变心境。

3. 调控期望值

对人对事不要过分苛求，期望值不要太高。需要是情绪情感产生的基础，需要愈强烈，情绪情感反应也就愈强烈。理想目标不要高不可攀，要符合自己与客观实际，不追求十全十美，学会适度的知足常乐。

4. 增强自信心

信心是一种自我肯定、自我信任的坚定的自我价值感。它是人的主体意识的重要组成部分，是一个人乐观向上，直面人生挑战的内在动力。自信的人在心目中给自己设计的自我形象比较美好，而这种较高的自我期待，使人产生一种满意、快乐、积极的情绪，它能推动人化平庸为神奇，化渺小为伟大。因此，个体要悦纳自己、爱护自己，不自怜、不自卑、不自责。全面认识和正确评价自己。发现和肯定自己的长处，扬长避短，自我激励，充实提高，选好突破口，从小目标做起，一次成功就增强一些自信，心情自然就好起来了。重在规划生涯，重在实际行动。

5. 积极自我暗示

通过运用内部语言或书面语言的形式来达到自我情绪调节的方法。暗示对人的情绪乃至行为都有奇妙的影响。既可松弛过分紧张的情绪，也可用来激励自己。如在心中默念："冷静""三思而后行""我能考好，我有信心""别人不怕，我也不怕""我不生气，真的不生气""镇定"等。在很多情况下此法能驱散忧郁和情绪波动，使自己恢复快乐、自信和平静的心态。此法对自卑感较强、焦虑、抑郁、恐惧、强迫观念的人有较好的适用效果，能起到积极调整和改变自我的作用。

6. 转移注意力

人们可以通过调节注意力来调节情绪。如情绪不佳时，把注意力转移到使自己感兴趣的事上去，如：散步、听音乐、运动、游戏、读本轻松的书、找朋友聊天、换换环境等，有助于使情绪平静下来，在活动中寻找到新的快乐。国外也有学者将注意力集中与转换的能力看作度量情绪自我调控能力的关键指标。

（二）情绪调控

1. 情绪的感知与体验能力训练

情绪的感知与体验能力包括个体对自我感知和体验到的情绪变化的敏锐认知，对他人情绪状态的感知与理解及在此基础上对自我情绪的有效调控。大学生要学会辨识不同的情绪感受，意识到情绪感受代表的意义，并能正确地理解自我思维感受，行为之间的相互关系，最终能觉察所发生的事实与情境，但自身情绪并未陷落其中甚或淹没迷失。

第一，大学生要提高自我情绪的意识能力，能够自我观察，知道自己在一定情景中是怎样的情绪状态，并且能用恰当的词汇表达和形容自己的内在状态；能倾听内在自我对话，留意自我意识思维，也能探询自我感觉背后的真正原因，并找出处理和解决的方法。

具体可以通过情绪脸谱、心情曲线的描绘和记心情日记来训练。学生命名画有表情的脸谱的不同情绪状态，按脸谱的不同情绪状态回忆各自的生活经验，进行情感匹配。情绪脸谱可以使个体清楚地意识到自己的情绪表现与心理感受及情绪与生活事件之间的关系。心情曲线要求个体在坐标上标出在不同的时间上的满意度。对心情曲线的绘制，可以使个体了解自己每日的情绪起伏状态和整体情绪色彩。而心情日记除了记载当日引起自己情绪起伏的事件之外，还能敏锐地觉察到此事件与过去的联系，即过去何时有过类似的情绪出现，当日发生了什么事情。因此，可由这篇心情日记，了解自己的情绪常被什么事情所牵动及自己惯用的解决方式，有利于觉察及行为的改变。

此外，还可以叙述各种情绪词汇所表达的意义及自己曾有过的感觉经验；设想在什么情境下会产生什么样的情感，根据不同情绪体验说说自己的心理感受。通过讲述，可以使学生觉察自己的感觉状况，增强自我情绪体验的意识，并发现自己的独特体验。

第二，增强对他人的情绪理解，了解面部表情、体态表情、行为表情的一般知识。表情是情绪最明显的反应。我们可以从一个人的表情，看出他的心情是高兴、生气、哀伤或者害怕。可以通过对脸部表情的判别来感知和理解他人的情绪，发展情绪理解能力。通过脸部和身体姿势的表现来观察各种表情的特征，判断不同类型和不同情境下人的情绪状态。比如，谈论到"害怕"，学生注意到一般的表情特征是嘴巴微张下垂，眼睛张大，内侧眼角上扬，眉毛上扬聚拢，额头中央有皱纹；生气时心跳加速、两手冒汗；紧张时坐立不安、闪烁其词等。大学生应学会察言观色，能从言谈举止各方面去感觉和体验他人的情绪状态。每个人处境和个性的不同而有不同的感受，设身处地为别人着想可以更好地做出自己的适度的情绪表达。通过这方面的训练，学生既能看到自己思维方式、情绪反应的特点，也能理解和宽容别人，还可以通过移情训练来发展对他人情绪的理解。移情是指能够设身处地为他人着想，体验他人的情绪感受。可以通过角色扮演、分享感受、交流心得等方式来进行移情训练，体验不同个体的情绪状态与引发原因。

2. 情绪的表达与评价能力训练

对自我情绪的表达和评价可使没有达到意识层面的模糊情绪清晰化，把情绪信息转化为表情和语言认知信息。情绪表达在感情体验上能使传递者与被传递者互相沟通，引起移情，通过表情与他人的相互作用的反馈信息可以调整自己的情绪与行为。而言语表达可通过已经意识到的情绪信息启动和产生更多的联想去调控情绪。对自我情感的评价就是权衡某种情绪或情感对主体的利与弊，是对正在体验着的某种情绪的更进一步的认知，是给维持、调节或控制某种情绪提供决策的根据。人们应该有意识地、及时地进行情绪的表达与评价。否则，处在情感封闭的状态下，感情交流和表达渠道不通畅，就会形成一种呆板、滞胀状态。自己的情绪表达模糊、无意义，对他人的情绪认识敏感降低，从而影响到人际交流与沟通，形成不良情绪反应，最终可能形成情绪障碍。情绪表达与评价是在人与人之间沟通交流的过程中发展而来的。因此，大学生要学会与他人交流沟通，提高与人交流的能力，能以坦诚与互信的态度来进行沟通，有倾听与发问的技巧，懂得选择适当话题进入交谈。学会适合的言语态度，既能清楚表达自己的意见而不轻易得罪他人，也会适当传达个人的感情；能区分别人言行的真正含意和自己的反应之间可能存在的差异，能营造自然轻松的公共对话空间，具备与人沟通、协调、合作、解决冲突的基本手段和技巧。

3. 情绪的调节能力训练

情绪调节是个体管理、调整或改变自己（或他人）情绪的过程。在这个过程中，通过一定的行为策略和机制，个体能够控制自己的情绪，不让情绪干扰当前的活动，并能够从消极的情绪困扰中迅速恢复过来。

首先，大学生要学会自我控制和管理，具有与年龄相称的自我控制能力，能够认识自己的行为及其后果，从而拒绝不良诱惑；能够驾驭自己的身体、情感和行为，以适应周遭环境；对愤怒、孤单、焦虑等消极情绪有所意识，有一定承受力，并学会一套缓解的方法。

其次，掌握有效情绪调节策略。我国目前对情绪调节策略的研究与应用中，主要有“原因/结果调节”和“成熟型/不成熟型调节”两种类型。原因调节主要调整（减弱或增强）情绪的评价过程，基本调节方式包括评价忽视（忽视）和评价重视（重视）；反应调节主要调整（减弱或增强）情绪反应成分，基本调节方式包括表情抑制（抑制）和表情宣泄（宣泄）。成熟型调节方式包括解决问题、求助，不成熟型应对方式包括自责、幻想、退避。

（三）消极情绪整合技术

我们应该随时对自己的情绪状态有所觉察，积极调整消极的情绪体验。如果对自己的情绪状态麻木不仁、一无所知，就不可避免地会遇到各种各样的麻烦。如果任凭某种消极情绪无限制地发展，就会发展为情绪障碍，并影响到个体的身心健康。可以通过以下几种途径，对消极情绪进行整合调节。

1. 自我安慰

当一个人遭受挫折时，常会用心理防御机制中的“合理化机制”来安慰自己。如“胜败乃兵家常事”“塞翁失马，焉知非福”“坏事变好事”等，给自己找到适当的理由来解释，将面临的窘境加以文饰，以减轻内心痛苦，维护和提高个人的自尊，恢复心理的平衡。这种自我安慰使用适宜的话，既能缓解矛盾冲突和情境压力，避免精神崩溃，消除焦虑、抑郁和失望，保持情绪的安宁和稳定，又能帮助人们在挫折面前接受现实、接受自己，打开思维，走出局限。从不同的角度认识情境事件，重新评估事件的重要性及其影响，总结经验，吸取教训，达到自我激励的目的，转消极情绪为积极情绪。需要注意的是，如果使用不当或过多地依赖它，也会出现不正常的现象甚至病态。

2. 积极升华

将不被社会认可的情绪反应方式或欲望需求导向正确的方向，将情绪情感激起的能量引导到对己、对人、对社会都有利的方面。利用心理能量，升华情绪情感，忘我追求事业，定会取得成功。“韬光养晦，修其人格，长其才干，成其事业”“置之死地而后生，苦其心力而成大器”“得志则行其道而兼济天下，不得志则治于学而独善其身”。

3. 合理补偿

升华和补偿都是一种替代机制。补偿是指一个人在一种活动范围中遭到挫折，就从另一种活动范围中谋求成功的行为方式，即“失之东隅、收之桑榆”。合理运用补偿，忽视那些引致消极情绪的事件，通过积极努力，得到自我肯定，获得积极情绪体验。如有残疾的人通过发奋读书出人头地，弥补生理上的缺陷，克服自卑情绪，增强自信。

4. 幽默调节

幽默调节是指当一个人身处困境或尴尬局面时，通过含蓄、双关、俏皮的语言帮助渡过难关或解脱困境的行为方式。幽默是一种成熟智慧与乐观、洒脱态度的体现。通过委婉曲折的表达方式，不仅能避开冲突的锋芒，而且能创造一种轻松愉快的环境气氛，从而缓解紧张情绪和心理冲突，获得轻松、和谐、快乐的情绪体验。

5. 合理宣泄

处在不良情绪状态时，不要过分压抑，要找到合适的渠道，适当宣泄出来。被压抑的情绪不会自动消失的，只是潜伏下来，久而久之，会导致一个人身心失衡，并在积累到一定程度之后，突然爆发出来，其破坏力更大。要及时宣泄自己的消极情绪，使紧张情绪得以放松，缓解不良情绪的困扰，调节机体与心理平衡，恢复正常的情绪情感状态。如遇到挫折或不顺心的事情心情苦闷痛苦时，大哭一场、找人倾诉、写日记、大声喊叫、运动、听音乐、接受咨询、睡觉、旅游等。但应注意宣泄的场合、对象及宣泄程度。不分场合与对象的直接发泄，常会引起不良后果，进一步恶化情绪。而对消极情绪的过度宣泄，不仅影响个体的认知决策和行为能力，而且会使个体长时间处于消极心境中，也会导致不良结果。

第三节　大学生的学习心理

一、大学生的学习心理调节

(一)大学生的学习适应性

1.学习环境

大学的教学设施要比普通中学齐全，教学内容所包含的信息量越来越大。大学新生刚入学的时候，在思想上应认识到：要想在学业上获得成功，一定要充分利用现有的学习条件，掌握、运用自己所学的知识，提高自己的能力。在入学最初的一段时间里，大学新生在熟悉新的生活、老师和同学的同时，还要迅速熟悉学校中的教学及辅助设施，如教学办公地点、图书馆、实验室、复印室、录音室、书店的开放时间和使用方法等。

此外，大学生还要学会利用现代高科技的教学手段来掌握、运用所学的知识。在大学里，教学内容所包括的信息量越来越大，单凭坐在教室里苦读书是难以适应的。大学生必须通过多种渠道(如互联网)获取大量的信息，并充分利用现代多种高科技教学手段(如计算机教学)来掌握、运用自己所学的知识，提高自己的能力。

大学生应该充分利用环境中的优势，使个人的能力与潜力得到最大限度地促进与提高。有一些大学生，对学习环境、教学设施的意义理解不够，认为只要把老师讲的知识掌握了就行了。所以他们在课堂以外，很少利用各种有利条件来发展自己、提高自己，这是对有限教育资源的浪费，不利于自身综合素质的提高。

大学的学习气氛是外松内紧的。和中学相比，在大学很少有人监督你，很少有人主动指导你。这里没有人给你设定具体的学习目标，考试一般不公布分数、不排红榜……但并非没有竞争。每个人都在独立地面对学业，每个人都该有自己设定的目标，每个人都在和自己的昨天比，和自己的潜能比，也暗暗地与别人比。

最后，在这种竞争气氛中，大学新生还要改变一些原有的观念：在大学里，考试分数并不是衡量人的最重要的指标，人们更看重的是综合能力的培养和全面素质的提高。

2. 课程结构

与中学相比，大学的课程结构呈现多样化，通常分为公共课、专业课和选修课等几个主要模块。通常情况下，大学生对公共课的学习积极性普遍不如对专业课，有相当一部分学生持消极应付的态度，学习目的不明，目标不清，动机不强，学习兴趣主要看老师的教学水平，如果老师的课讲得生动活泼，他们会愿意听，有兴趣学。但这种学习兴趣主要是直接学习兴趣，而且大多停留在较低水平上，只限于上课认真听讲，把听课当成了一种享受或是对专业课的调剂。这种态度是错误的。大学新生要端正对公共课的态度，要充分认识到公共课的实用价值及对自己的意义，要将部分实用性强的公共课（例如外语、计算机）当成专业课来学习。

不同专业的大学生有不同的专业课，但不同专业的大学生对待本专业课程的学习态度应该是一致的：那就是不管喜欢与否，都要尽力把专业课学好。在学习专业课的时候，学习目标要明确具体，不断提高学习动机和学习兴趣，主动克服各种学习困难，做到直接学习兴趣和间接学习兴趣的结合。

3. 学习方法

进入大学后，以教师为主导的教学模式变成了以学生为主导的自学模式。课堂讲授知识后，学生不仅要消化理解课堂上学习的内容，而且还要大量阅读相关方面的书籍和文献资料。自学能力的高低成为影响学习成绩的最重要因素。这种自学能力包括：能独立确定学习目标，能对教师所讲内容提出质疑，查询有关文献，确定自修内容，将自修的内容表达出来与人探讨，写学习心得或学术论文等。学习方法对学习结果的影响是不言而喻的，而大学的学习方法又与中小学的学习方法有很大的差别，许多新生一时难以适应，承袭过去在高中阶段的学习方法。即使勤奋用功可能也难以获得能力的全面提高，这在大学新生中是相当普遍的现象。尤其对那些高中阶段的学习尖子来说，这种挫折可能会造成自信心的丧失，严重者可导致神经症或精神病。

从旧的学习方法向新的学习方法过渡，这是每个大学新生都必须经历的过程。尽早做好思想准备，就能较好地、顺利地度过这一阶段，少走弯路，减少心理压力，促进学业成绩的提高。

所以，学校一般在新生入学时会进行入学后的学习方法与学习经验的介绍。作为大学新生，应该积极观察、思考，掌握适合自己的学习方法，顺利度过学习适应期。

（二）学习倦怠的调节

1. 适当地调整抱负水平和学习动机的强度

增强大学生的学习动力，调整大学生的抱负水平，培养良好的学习动机，是解决大学生学习倦怠的重要手段。首先，要引导大学生树立清晰的人生目标，明确自己的历史使命，增强社会责任感，做到学有选择，学有目标。其次，在大学生正常的学习活动中，既应避免学习动机过强，也应避免学习动机不足。在给自己确定抱负水平时，要和自己的实际情况及所要完成的学习任务相结合，客观地分析自己的状况，为自己设定恰当的抱负水平，制订切实可行的学习计划，在自己原有的基础上逐步取得一些较好的成绩，使自己在每次的学习成功中体验到快乐，树立起自信心。再次，要及时掌握学生学习状况，及时发现学习有困难的学生，给予个别的心理辅导，教给学生正确的归因方法和必要的调节方法，激发其学习兴趣，树立学习信心，提高学习效果，使学生保持健康的学习心理。

2. 恰当的归因风格

学习者的个性特征与其学习风格存在着相互结合、相互促进的密切关系。德维克的一项现场实验证明归因风格的有效性。当被试失败的时候，教会他们把失败归于努力不够，而不是缺乏能力。在整个实验结束之后，德维克发现这些学生的成绩和努力程度都有显著的提高。心理学家阿伯拉姆森提出了抑郁型和乐观型的归因风格。抑郁型的归因风格把消极的事件归于内部的、稳定的和整体的因素之上，把积极的事件归于外部、不稳定和局部的因素之上，所以具有这些风格的人常常用消极的方面去解释生活和理解他人。相反，乐观型风格的人把积极的事件归于内部、稳定、整体的因素，而把消极的事件归于外部、不稳定和局部的因素上去。这样即使事件的结果不令人满意,也不会影响到一个人活动的积极性。

3. 适当期望,学会放松,减缓压力

如果是教师和家长的期望过高,学生可以将郁积在心头学习上的困惑和困难向老师及亲人诉说,以获得他们的理解和支持来减缓压力。如果是学生自己的期望过高,就要降低自我期望值。适度运动,学会放松。运动是一种很好的调节方式,比如课间走出教室,活动腰肢,课外散步,适当锻炼身体,不仅可以起到放松的作用,还可以增强体力。除了运动之外,可以练习一些特殊的放松方式,比如可以通过娱乐活动、听音乐、走进大自然等进行放松;可以通过写日记、写信及语言的自我暗示和自我安慰来舒缓压力,转换心情。

二、大学生的时间管理

所谓时间管理,是为了提高时间的利用率和有效性,而对时间进行合理的计划和控制、有效安排与运用的管理过程。由于时间所具有的独特性,时间管理的研究对象并不是时间,而是与时间息息相关的"自我管理",即问题并不在于时间本身,而在于我们自己;不是我们有多少时间,而是我们如何安排已有的时间。

时间管理包括诸如提高时间观念,自觉珍惜时间;选定目标、制订计划,决定时间消耗标准;利用多种方式方法,使时间消费合理,并千方百计节约时间;诊断时间利用情况,总结时间消耗经验,找出浪费时间的原因并克服之;应用现代系统科学和定量方法来控制自己的时间。总之,时间管理就是要使人们对时间的使用从被动的自然经历与随意打发,转到系统地、集中地有计划、有目的地主动分配使用,进行高效能的富有创造性的劳动。

如何进行时间管理,西方发达国家的管理界对此进行总结者众多,我国的心理界也对学生的时间管理倾向进行了多年的研究,但很少就大学生的职业生涯规划进行具体的时间管理方法的辅导和良好习惯的训练。在当前日益严峻的就业压力环境下,引导大学生尽早进行职业生涯规划,以时间为单位,确定不同时期的奋斗目标,有目标地进行时间管理,一步步地按计划采取有效的行动,就有可能使其在竞争中取得成功。无论是在职场还是在学校,每个顶尖的成功者首先是顶尖的时间管理者。

第四节　大学生的人际关系

一、大学生人际交往的特点剖析

(一)大学生人际交往的类型

大学生人际交往类型的划分多种多样，可依交往对象和范围的不同来划分，也可按大学生群体内部人际关系建立的基础来划分，还可以因大学生个体的性格、交往形式及交往心理、交往行为的不同划分。

1. 根据交往对象和范围来划分

(1)师生关系

教师是大学生人际交往的重要对象。教师是知识的传授者，是大学生人格模仿的对象。大学生知识的需求和获取必须通过与教师的交往才能实现，大学生思想品德的形成也和与教师的密切交往相关。师生关系是一种纵向人际关系。在交往过程中，教师与学生的地位是不同的，教师作为教育者、管理者，并在一定意义上作为领导者身份与学生交往；大学生则处于受教育、受管理的地位。教师对学生必须严格要求，严格管理；学生必须接受教育、服从管理。同时，师生关系又是一种横向的人际关系，教师与大学生之间，毕竟不同于上下级、领导与被领导之间的关系。师生关系是一种业缘关系，师生之间心理距离小，相容程度高，教师对学生充满着关怀、爱护，学生对老师都是充满着尊敬与爱戴，师生关系是一种最无私、最纯洁的人际关系。应当说，教师和学生之间是很容易建立起“良师益友”关系的。但是，由于高校教育的特点，大学教师与学生的接触不像中小学那样频繁，课外时间师生交往不多，从交往内容看，往往仅限于传授知识，交往内容比较狭窄；从交往过程来看，对流性比较小，往往是教师讲得多，学生听得多；尤其是师生间缺乏情感交流，这就不利于建立融洽的师生关系。因此，必须加强师生交往的对流性和交往内容的多样性。一方面，教师要不断改进教学方法，在教学中加强与学生联系，课外时间要多到学生中间去，经常保持与大学生的直接联系；另一方面，学生要消除羞怯与惧怕心理，积极主动地与教师经常交往。

(2)同学关系

同学是大学生人际交往最基本的对象。大学生与同学间的交往最普遍,也最复杂。一方面,同学之间年龄相近,经历相同,兴趣、爱好相似,又在一个集体中学习和生活,因此比较容易相处;另一方面,同学之间在生活习惯、个性等方面又存在着一定的差异,加之交往频率过高、空间距离过小(如有些同学同住一室),因此在交往过程中又难免发生这样或那样的矛盾和冲突。而大学生对友谊的渴求十分强烈,对人际交往的期望值比较高,一旦需求得不到满足,就容易对人际交往采取消极的态度。

大学生同学之间的交往比较频繁的场合有三个方面,即班级内的同学交往、社团内同学间的交往、宿舍成员间的交往。班级内的同学交往以学习和班级活动为主。根据黄希庭的研究,大学生班级的非正式人际关系类型可区分为人缘型、首领型、嫌弃型、孤独型或孤立型等四种类型。社团成员间的交往以共同的兴趣、目标为主要内容。宿舍成员间的交往最频繁,内容也最广泛,涉及大学生活的方方面面。根据研究,大学生宿舍内的非正式人际关系可区分为三种主要类型:友好关系型、淡漠关系型和对立关系型。因此必须加强班级、宿舍和学生社团的精神文明建设和日常管理,为大学生创造宽松良好的人际交往环境。

(3)其他人际关系

大学生与其他人员的交往包括除教师、同学之外的学校其他成员、家庭成员及校外社会成员等。大学生入学以后,与家庭成员的交往同中学时代相比发生了明显的变化,主要是平时直接交往的机会大大减少,通讯和节假日回家探亲成了大学生与家庭成员联系交往的两种主要途径。大学生与学校其他成员的交往多半是因学习与生活的需要而进行的,其特点是偶然性、暂时性和被动性。由于大学生缺乏人际交往的社会经验,加上不能正确对待社会地位的差异,有时会产生一些矛盾,尤其是与学校行政、后勤人员之间经常发生冲突。这既有管理方面的原因,也有大学生与这些工作人员之间缺乏沟通和了解的原因。大学生与社会成员间的交往比较少,但近几年来随着改革开放特别是教育改革的逐步深化,高校大学生有更多的机会深入社会和了解社会。一些大学生通过各种渠道,如投身家庭和社区服务、勤工俭学、参与青年志愿者活动、扶贫帮教等,与社会进一步发生广泛的联系。他们这样做,既可以将自己所学的知识和技能应用于社会,又能在实践中锻炼自己,不断增长知识、经验和才干。对此,学校不仅可以提倡,更应加以必要的引导,从而保障当代大学生在市场经济大潮中的社会交往与社会实践能始终沿着良好的方向健康发展。

2.根据人际关系建立的基础来划分

(1)学习型人际关系

指大学生在学习中发展建立起来的一种人际关系。在同学关系中往往表现为相互帮助、取长补短的合作关系及相互赶超、不甘落后的竞争关系,在师生关系中表现为教与学的关系。

(2)生活型人际关系

指大学生在日常生活中建立起来的人际关系。这种人际关系更多的是趋向于生活和情感型人际关系,主要是为了满足友爱、温情、安全感等情感的需要。这种类型的人际关系往往因频繁的生活接触易出现亲密性人际关系或冲突性人际关系。

(3)活动型人际关系

指大学生在文体及各种社团组织活动中建立起来的人际关系。这里还可以分为正式团体和非正式团体,如班委会、团支部、学生会和各种自动组织的协会、社团等。这些活动型人际关系往往随活动结束而终止,当然也有因一次活动而成为长期朋友的。

3.根据大学生个人的性格、交往形式来划分

(1)积极型人际关系

一般性格开朗活泼的学生喜欢主动与人交往,热心参加各种活动,踊跃承担社会工作,多是担任学生干部、社团组织或者在学生中很有鼓动性的人,他们往往表现出积极型的人际关系。

(2)被动型人际关系

多指性格比较内向、不善交际的学生所形成的被动的人际关系。他们在交往中行动不积极、不主动,有些可能内心想积极交往,但怕耽误学习不愿交往,而多是被动卷入。

(3)封闭型人际关系

多指性格内向、有些孤僻的学生与人交往所采取的形式。他们少言寡语,喜欢平静,只与极少数人保持交往,如有些大学生近在咫尺不相认,这种人的交往范围很小且不善交往。

(二)大学生人际交往的特点

大学生人际交往的特点是由大学生自身的条件所决定的。学生的文化层次比较高,生理和心理日趋成熟,比较重感情,爱幻想,具有与其他社会群体不同的特点。

1.平等性

大学生的主体意识、独立意识和自尊心日益增强,对友谊的平等性要求越来越高。个体既要与朋友平等地相待,又希望朋友平等地对待自己。个体希望双方能够在心理上互相平等,彼此坦诚相见,任何一方都不要把自己的意志强加于人。因此,同学中那些傲慢无理,不尊重他人,操纵欲、支配欲、嫉妒、报复心强的个体常常是不受欢迎的。在人际交往中努力体现其人格的独立性,追求平等是大学生交往的基本需要。

2.纯洁性

大学生在人际交往过程中,经济因素极小,不存在由工资、奖金、待遇等方面的经济因素引发的利益冲突,所以,他们的交往要比其他群体的人单纯得多、广泛得多。大学生由于生活经历、社会阅历、知识能力、思想观念等基本相符,所以个体之间不存在等级、特权问题,更容易和平共处、平等交往。另外,大学生是有知识、有思想的青年,个体的交往主要是思想情感的交流,希望通过交往获得思想观念的一致和情感的共鸣。

3.独立性

大学生的个体差异较大,但无论是内向还是外向,善言还是孤僻,在交往中都表现出一种要求交往独立的意识。因为大学生的交往是主动的,是互为主体、互为影响的,因此,心理上有较强的独立性要求。大学生的交往多以兴趣为纽带,讲求情投意合、个体之间的兴奋点相吻合。另外,大学生人际交往的外在约束力不强,社会活动的参加与否有个体选择的自由,自主性较强,强迫感及被动的成分较少。

4.开放性

随着社会开放的不断扩大化,人与人之间的交往也不断呈现开放性的特点。

特别是大学生，他们往往代表社会的新生事物，开放社会的主要特点在大学生身上都有所表现。在人际交往的过程中大学生交往的动机很强，一般不会拒绝交换信息。尽管处于青年时期的大学生心理上存在着一定的闭锁性，但本质上是非常渴望交往的；同时，也默默地敞开交往的大门，期待交往和友谊。大学生交往的范围也越来越宽，无论专业、年级、班级、性别都不会阻碍个体的交往；多数个体已经开始了校际间的交往。大学生交往的需要是多层次的，多侧面的，这也决定了个体的交往方式也是丰富多彩的，特别是信息化的各种工具，为大学生的开放性交往提供了便利条件。

二、大学生人际交往的调适与优化

(一)大学生人际交往原则

成功交往的原则是指在交往过程中需要遵循的一些基本规则。对于这些规则不同的人概括不同，但是基本意思都差不多。主要包括以下四个方面。

1. 充满自信，平等待人

这是人际交往的前提。一个人只有充满自信，才会走出自我的圈子与人交往。一个人也只有平等待人，才会被人接纳。心理学研究表明，每个人都有自尊和受人尊敬的需要，特别是青年学生受人尊敬的需要非常强烈。例如，希望朋友和父母等把自己看作成人，尊重自己的隐私等，这种需要就是一种平等需要。可以说任何人，只要是正常的人，都希望得到别人的平等对待，没有人会真正愿意与那些妄自尊大、趾高气扬、藐视他人的人交朋友的。人虽然地位有高低，学问、金钱上存在差别，但是在人格上是平等的。因此，在交往中要记住鲁迅先生的话："不要把自己看成别人的阿斗，也不要把别人看成自己的阿斗。"

相互尊重是顺利交往的必要条件，平等待人是维持正常交往的重要前提。因为人与人之间根本的关系是平等的，平等贯穿着人类整个交往的历史。尊重自己和尊重他人是一个问题的两个方面，同时也是相对应、相联系的。只有尊重自己的人，才可能得到他人尊重；只有尊重他人的人，才能得到别人的尊重从而真正实现自我的尊严。大学生处于特殊的生理和心理发育阶段，他们渴望得到他人的认同和理解，希望改变自己在群体中的地位，提高威信，获得更多成员的信任和尊敬。但另一方面，他们又具有很强的自我意识和自我独立感，这就造成了他们容易过分强调别人对自己的尊重，而忽略了自己对别人的尊重。大学生也应当时时提醒自己保持与他人平等的地位，时时反省自己有否伤害他人的情感和自尊。然而，尊重别人并不等于放弃自尊，也不等于一味地做“好好先生”而对不良现象姑息放任。要知道，当一个人总是放弃自己的立场时，就会习惯于放弃自己的判断，久而久之，他很容易变成一个没有意见、也没有吸引力的交往对象。

2. 互帮互助，互利互惠

这是人际交往的润滑剂。著名社会心理学家霍曼斯提出，人与人之间的交往本质上是一种社会交换过程。这种交换虽然不等于市场上买卖关系的交换，但两种交换所遵循的原则都是一样的。即人们希望交换对自己来说是值得的，希望在交换中得大于或等于失。因为人与人的交往是以充分地获得人生经验，获得自身发展成长为目的的。交往双方均希望被对方所关心、所注意，均希望获得对方的支持和帮助，假如交往者仅仅关注自己的需要，单方面想得到好处，而不愿意为他人做出丝毫奉献，提供任何帮助，则双方的关系一定难以持续，更不可能有任何发展。因此，我们在人际交往中要注意关系的保护。无论怎样亲密的关系，我们都不能一味地只利用不投资。否则，原来亲密的关系也会变为疏远的关系，使我们面临人际关系的困境。

3. 诚实守信，言行一致

这是人际关系的基石，是深化友谊的保证。生活中每个人都渴望拥有朋友，尤其是知心朋友。所谓知心朋友，就是能够互相信任理解的朋友，双方能够尽量敞开心扉交流思想感情的朋友。这里，很重要的一点就是要求在交往中以诚待人、诚实守信，如果把别人的痛苦当笑话，把别人的秘密不经意的泄露，那么，交往就难以继续深入。大学生在交往中还要注意信守诺言，要对自己的行为负责。说话要留有余地，没有把握的事情不轻易许诺，一旦许诺就必须努力去办，实在无法办成，要向对方解释清楚，力争再找机会补救。不可敷衍、搪塞，甚至置之不理。

待人接物要以诚为本，能否以诚待人是评价朋友质量的一个主要标准。“诚”字所包含的内涵很广：忠诚、守信、诚实、诚恳，都是基本的内容。从道德品质的角度来看，这也是基本的做人准则。朋友相互的了解是以相互真诚为基础的，朋友之间必须实事求是，向对方如实地反映自己的真实情况。这种相互的忠诚，以双方相互依赖为前提，做不到这一点，就更谈不上相互帮助和相互支持。时间足以分辨谁是真朋友，谁是假朋友，从这个角度来看，是否具有以诚待人的品质，决定了相互的友谊是否长久、是否真挚。

诚实也是交往的潜在力量，“诚实乃是理性动物最可爱的长处”，它显示了一个人的自重及他内心的安全感与尊严感。诚心可以使人在交往中随时获得别人的信任，并把那些具有同样优秀品质的人吸引到自己的身边，建立无须伪装自己的轻松、愉快的社交圈。交友是一个不断选择的过程，假话不可能永远地隐瞒，一旦被对方发现，就是对友谊的最大伤害。有些大学生以为，那种一时为利益而不得已说的谎话，正是为了保护友谊，是一种交往的艺术。事实上，这恰恰损害了友谊，是交往的一大禁忌。

4. 严于律己，宽以待人

这是人际交往的黏合剂。宽以待人指不计较他人的细枝末节，甚至能容人之短。严于律己，一方面指能够严格要求自己，不损害他人利益，另一方面指在受到别人误解甚至责难时能够驾驭自己的情感，控制自己的情绪。对朋友不可斤斤计较、求全责备。谁想找到一个十全十美的朋友，谁就会没有朋友。

在交往中，相互理解和相互宽容是很重要的。我们的时代是一个多变的时代，我们的社会是一个多元化的社会，人们相互之间的关系也越来越复杂。社会的复杂性导致个性的丰富性，这必然引起个体之间的冲突加剧，要与周围的人保持良好的人际关系，就必须学会存异求同、以宽容的心态对待别人。集体生活中更是如此，处处关心别人、与人为善，才能与脾气不同的人和平共处，经常站在对方的立场上考虑问题，体会他人的心理感受，才可能理解别人的感情和行为，从而改善自己的待人方式，提高自己的交往能力。生活在一个多样化的大社会里，人们当然不免要遇到各种各样的误会，甚至受到不公正的对待。青年学生涉世不深，情绪不稳定、容易产生冲动，更容易由此引发出一些交往问题。遇到误解时怎么办呢？凭一时的冲动鲁莽行事，不但无益于问题的解决，而且使自己交往中处于不利地位，影响了自己与同学的关系。宽容与谅解是与人相处的基本守则，也是做人的美德，更重要的是，它应当成为我们共同追求的一种高尚的精神境界。常言道：“大度集群朋”，要想成为一个胸怀广博的人，就必须能严于律己，宽以待人，这是每一个渴望成功的大学生必备的品行。

此外，在人际交往中还应积极、主动。一般来说，大学生对人际交往的期望很高，但对人际关系的满意程度却很低。他们的自我意识强，特别珍惜自己的形象，关心外界对自己的评价，有时甚至到了神经质的地步。他们对人际关系过分敏感和多疑，以致造成心理紧张和不安，甚至钻进自设的牛角尖，在消沉、迷惘中越陷越深。大学生的交往过程是一个不断地认识自我、认识他人的过程，也是在不断地学习、调整自己的人际交往策略的过程，出现困难和问题是很正常的。对待困难的最好办法是面对它和正视它，用进取去代替迷惘。要彻底改善自己的人际关系，仅仅凭着等待、观望是不可能的。事实上，交往的主动权在于自己，大学生应以豁达的心态去对待周围的人和事，无论是对待批评还是赞扬，都不会过于在意。主动发表自己的意见、主动征求别人的意见、主动帮助他人、主动与对方言归于好、主动改善自己，这都是有效和必要的方法。当一个人付出的是热情、主动和坦诚，他就不会收获孤独和冷漠，哪怕遇到了障碍，也只会是一时的困难，时间一定可以令对方理解一切。

（二）大学生人际交往优化的主要路径

1. 培养良好的个性心理品质

人际关系的好坏，交往能力的强弱，与一个人的个性、心理品质有关。黄希庭等人的研究表明：大学生在一个团体中最受欢迎者（人缘型）的个性品质主要表现为尊重他人、关心他人、对人一视同仁、富于同情心；热爱班集体的活动、对工作非常认真和负责任；持重、耐心、忠厚老实；热情、开朗、喜欢交往、待人真诚；聪颖、爱独立思考、成绩优良且乐于助人；重视自己的独立性和自制，并且有谦逊的品质等。个性品质对大学生成功进行人际交往有重要的影响。因而，要积极塑造自己良好的个性心理品质，并且努力克服不良个性。事实上，那些具有良好的思想品德、心底坦荡、光明磊落、作风踏实的大学生，不仅人际关系良好，而且很容易与人成功交往；而那些羞怯、自卑、猜忌及清高、傲慢、小气、刻薄的大学生，不仅人际关系恶劣，而且难与人交往。

2. 适当的距离产生美

在人际交往的过程中，每个人都拥有自己的交际区域，由于这一区域的存在，人们才能恰如其分地与他人交往，这就是人际距离的问题。处于不同等级的人际距离，应当采用不同的交往方式，从言语用词、语气、表情、行为到谈话涉及的范围、交往进展的速度等。即使在知心挚友间，也需要保持一定的社交距离，不可你我不分。因为每个人都有自己的心理敏感区，不可随意谈及，并且不考虑别人工作、学习、休息的随便打扰，也会让人感到厌烦。有些学生一和人混熟了，就丢掉了分寸感，进入了所谓不分彼此的境界，物极必反，一到了这种程度，友情就快走向反面了。一般来说，距离近表示亲热；距离稍远表示文雅、自尊；距离过近使人尴尬；过于疏远会给人以冷漠感。大学生在交往中应恰当地运用人际距离，以免使人感到不舒服或造成误会。

3. 学会“角色互换”

社会生活中的任何一个人都要扮演不同的社会角色。就拿一个女大学生来说，在家里，她要扮演女儿、姐妹等角色；在学校，她要扮演学生或学生干部、团员、党员等角色；在国家政治生活中，她要扮演选举人与被选举人等角色；在社会公共场合，她要扮演汽车上的乘客、商店里的顾客及公园里的游客等角色。在人际交往过程中，每个人在同具体对象交往时又总是以特定角色出现的。由于我们习惯于从自己的角色出发来看待自己和别人的行为，就可能带上片面性。因此，学会角色互换，也就是设身处地地从对方的角度，把作为主体的自我当作客体的自我来审视和评价，这样就能较为公正地理解别人的想法，也较客观地看待自己的行为得失了。一方面，学会角色互换，将心比心，意识到别人的难处，你就容易宽容和谅解别人了；另一方面，角色互换能使你体验到对方在此情此景的感受，于是你就能给人提供最需要的帮助，收回可能伤害对方感情的举动。可见，捕捉准确的“角色”，严格地把握角色的规定性，并能适时因地制宜进行角色变换，是人们彼此相互理解、相互谅解的前提，也是密切人际关系的重要方法。

4. 学会求助与拒绝

在现实生活中，每一位学生都会遇到求助于人或被人所求的情况，而且这个情况处理得好坏，往往又会对人际关系的协调与否造成极大的影响。

向他人求助的技巧包括以下几个方面：①让对方知道你是一个重感情、讲仁义、知恩图报，可以信赖的诚实之人，而不是忘恩负义、过河拆桥之徒。②让对方知道你也是一个乐于助人的人，使对方明白今后如遇什么难处有求于你时，你定会鼎力相助。③了解对方的个性特征，弄清对方在什么情况下，对什么事情愿意或乐于相助。④言辞要礼貌,使用“请”“对不起”“谢谢”之类的礼貌用语。⑤态度要诚恳,既不要老是吞吞吐吐、掩掩盖盖,又不要流露出另有别处求援的想法。⑥要求要明确,最好开门见山,若一味绕圈子,很可能会给别人造成错觉。⑦事后要注意感谢,不管是否帮助你解决了困难,那种“帮忙成功就感谢,帮忙不成就不理”的做法是极端错误的。

拒绝他人的技巧主要有:①暗示拒绝法,即通过自己的非语言行为或非直接的语言把拒绝的意图或信息巧妙地传递给对方。这种方法多用于本想拒绝别人但又难以启口的时候。②直言拒绝法,即对别人的请求直截了当地予以拒绝。但使用这方法要因时、因事、因人而异,同时还要讲究一定的技巧,如让求助者知道你确实是心有余而力不足,诚恳陈述你的难处等。③含蓄拒绝法,即不直接用语言来拒绝对方的请求,而是以含蓄的方式来让对方感到你所持的否定态度,从而达到既不伤别人的面子,又巧妙地拒绝了对方的效果。④转换拒绝法,即利用话题内容的邻近关系或内在逻辑关系,把话题“焦点”逐渐转移开,以期达到巧妙拒绝对方的目的。⑤退步拒绝法,即不直接、不完全拒绝对方,而是做出某些退让,答应对方的某些请求,从而达到在绝大部分拒绝对方的效果。

第五章　高校大学生就业管理

就业是民生之本，大学生就业是高校培养人才的重要环节，是高校服务社会和改革发展的重要内容。做好高校毕业生就业工作，是加快推进以改善民生为重点的社会建设的具体体现，是构建社会主义和谐社会的重要内容，是建设人力资源强国和建设创新型国家的必然要求。做好大学生就业工作意义重大。

第一节　大学生就业管理的内涵

一、大学生就业管理的界定

关于大学生就业管理的内涵，学术界有三种主要观点。第一种观点认为大学生就业管理是搭建和完善高校网络平台和就业信息系统，实现大学生就业管理工作的电子化和网络化。第二种观点认为大学生就业管理是完善大学生就业市场，加强大学生就业指导工作，开展大学生就业教育。第三种观点认为大学生就业管理就是行使公共教育权利，承担社会公共责任，适应市场机制，调节供求关系，推动劳动人才合理流动，实现劳动力资源的合理配置，为国家在政治、经济、文化等领域的发展提供人力资源保障。

以上观点从不同视角对大学生就业管理的基本内涵进行了界定，都有一定的合理性，但是对大学生就业管理进行定义需要考虑时代背景，因为大学生就业管理随着社会的改革发展而发展变化，因此其内涵也会因所处社会发展阶段不同而有所差异。比如在计划经济时代，我国大学生就业管理主要是行政管理工作，而随着我国就业制度改革的不断推进，大学生就业管理从单一的行政管理拓展为指导、信息、市场、管理为一体的全面就业管理。

因此，当前我国大学生就业管理的内涵应有狭义和广义之分，狭义的大学生就业管理指大学生就业的行政管理工作，包括毕业生资格的审查、就业协议书的管理、就业计划的制订和毕业生派遣等。广义的就业管理指为保证大学生就业工作的科学和有序而进行的系统管理，除传统的就业行政管理以外，还包括学生的就业指导、就业市场开发、组织与管理，就业信息收集、处理和发布等内容。

二、大学生就业管理的特点分析

大学生就业管理是大学生管理的重要组成部分，但因其管理内容的不同，除了具备大学生管理中突出的教育功能、鲜明的价值导向、复杂的系统工程和显著的专业特色等特点外，有其自身显著的特点。

（一）政策性

大学生是建设国家的专业性高级人才，关系到社会主义事业的建设与中华民族的伟大复兴。随着社会和经济发展的需要，高校毕业生就业制度也随之发生了相应变化，国家对大学生就业方针、原则及方法都有明确要求，并通过各级党委和政府及高校予以贯彻。一方面，在大学生就业管理过程中涉及的签约、违约、资格审查、户口迁移、档案管理等，需要严格遵循相关政策的规定，以保障大学生的合法权益。另一方面，随着形势的变化，国家往往会应时制订促进大学生顺利就业方面的相关政策，如“大学生村官”“选调生”“三支一扶”等，这些都是直接指导大学生就业管理的政策。国家政策为大学生就业管理指明了方向，提出了细致的要求。大学生就业管理就是要围绕党在大学生就业方面的路线、方针、政策开展工作，实现我国人力资源的优化配置。

（二）市场性

大学生就业市场是指在社会主义市场经济体制下，高校毕业生与用人单位根据一定的原则进行劳动力交换的过程，是与毕业生人力资源配置相关的关系，及各种具体的就业市场活动、行为的总和。大学生就业市场是实现大学生就业的主要场所。遵循市场经济规律，借鉴市场经济工作方式和理念，加强大学生就业市场建设是大学生就业管理的重要内容。一方面，通过对大学生就业市场人才需求的数量、层次、专业、区域分布等进行深入分析，确定目标市场，制订开发计划，拓展大学生就业市场资源。另一方面，通过规范市场秩序、细化服务流程，做好集中性大型招聘会和日常性小型招聘会的策划、筹备和组织工作。大学生就业管理的市场性特点较为明显。

（三）服务性

改革开放后，我国大学生就业进入双向选择、自主选择阶段，大学生就业更具市场化特征，大学生就业管理工作更多地体现为大学生就业服务体系的构建。以服务管理为突破口，改变了过去重管理轻服务的做法，将管理与服务有机地结合起来。在就业指导方面，构建以市场为导向，学业、就业、创业、职业全程关注，个性化、体验式的大学生就业、创业教育模式。在就业信息方面，开发集求职、招聘、就业指导、就业状况监测和自动化办公于一体的全方位大学生公共就业信息服务平台。在签约管理方面，制订毕业生就业工作细则，优化工作流程，实现大学生就业的"一站式"服务。大学生就业管理的服务性特征就是不断增强工作人员的服务意识，把学生和用人单位当客户，全力以赴地为学生和用人单位提供全方位、全过程的优质就业服务。

三、大学生就业管理的意义

自我国高校扩招以来，高校毕业生人数逐年增多，大学生就业压力日趋加大，高校毕业生就业已经成为一个社会热点和难点问题。党的十七大明确提出了积极做好高校毕业生就业工作的要求，体现了党中央对高校毕业生就业工作的高度重视和对广大毕业生的亲切关怀。就业管理是高校毕业生就业工作中的核心部分，也是事关每一个毕业生能否顺利就业、体现党和政府对毕业生关怀的重要环节。因此，做好大学生就业管理工作对经济建设、和谐社会的构建、高等教育改革、大学生自身的发展都具有重要意义。

大学生就业管理也是新的历史阶段高等教育改革和可持续健康发展的重要内容。高等教育的根本任务是培养人才，就是培养国家经济建设和社会发展需要的高素质人才。人才培养质量的好坏直接体现在毕业生就业状况上。而教育质量的好坏，培养出来的人才能否被社会接受和认可，直接影响着学校的生存与发展。

近年来，部分高校提出了"就业指导招生"和"出口引导入口"的工作理念，启动和推动了以社会需求为导向的高等教育改革，通过大学生就业管理的各个环节对用人单位的岗位需求、毕业生的就业状况、就业满意度情况、用人单位使用情况等就业信息进行科学统计、综合整理和系统分析，主动研究社会需求和就业形势变化，以市场为导向，及时转变办学指导思想，大力调整学科专业结构，向社会输送"进来就用"的实用型、高素质人才。在一些高校还出现了各种类型的校企合作、工学结合、订单培养、岗前预就业等新型人才培养模式，紧密结合产业发展需求，及时调整专业设置，全面培养高校大学生的实践能力、就业能力、创新能力和创业能力，提高办学效益和人才培养质量。因此，大学生就业管理在高校改革和可持续发展中占有重要地位，发挥重要作用。

大学生就业管理是高校毕业生实现顺利就业、建设和谐社会的重要保障。现代社会，就业不仅是人类谋求生计的手段，更是实现自我价值，获得社会认可的主要途径。大学生的就业管理对其生涯发展将产生重要影响。

第一，个性化就业指导可以帮助学生更清晰地规划自己的职业生涯，进一步拓宽自己的思路，增强大学生学习的目的性和自觉性。

第二，就业信息的搜索与发布，能够有效地帮助毕业生冲出闭塞的就业信息孤岛，获得丰富的、针对性强、准确性高、成功率大的就业信息和就业机会，在双向选择的就业市场环境中取得主动权。

第三，就业信息的分析和研究帮助毕业生认清就业形势，尽快找准自己的位置，做到知己知彼，为就业决策提供依据。

第四，就业过程的规范与约束为毕业生就业创造良好的就业环境，确保大学生就业过程的顺畅有序，并保障毕业生的合法权益。此外，科学高效的大学生就业管理，能够在学生就业过程中起到舒缓压力、放松心情的作用，能够向毕业生传递学校和政府乃至全社会对他们的理解、尊重和关爱，进而提高他们的自信心、改善他们的精神面貌，提升他们对党和政府的认可程度。

第二节　大学生就业管理的基本原则

大学生就业管理的原则是在大学生就业管理过程中必须遵循的基本准则。讲究原则是大学生就业管理得以顺利进行的保障，是大学生就业管理的出发点和落脚点，它直接影响到大学生就业管理工作的实际效果。新形势下，大学生管理主要包括以学生为中心、以市场为导向、以服务为取向、以育人为目标等基本原则。

一、以学生为中心原则

就业管理以学生为中心，就是要把学生作为就业管理工作的主体，在就业管理工作中切实尊重学生的主体需求，把握学生的主体特点。尊重学生的主体需求主要包括：尊重他们的人格，尊重他们学习的兴趣，尊重他们身心发展的规律，尊重他们成长成才的需要。把握学生的主体特点体现在工作中，就是要深入地了解学生实际状况，尊重学生的主体性、差异性、独特性，以学生成长成才为中心，区分不同类型、不同层次学生的特点和需求，有针对性地开展就业管理工作。在实际工作中，要坚持以学生为中心，把学生当成客户，提供一流、高效的就业指导与服务。

学生是学校一切工作的中心。以学生为中心既是学校管理工作的基本要求，也是学生培养工作的基本要求。既是教育规律的体现，也是就业工作服务之所在。

首先，坚持以学生为中心的原则，在学校就业工作体制、就业工作队伍建设、就业制度制订等方面充分考虑学生的需求与利益。从有利于促进学生就业的角度出发，推动多方联动，最大限度地促进学生有效就业。在实践中，积极探索导师负责制、院长负责制、院校双向互动、招生培养就业联动等多种模式，多角度，多维度，多管齐下，为学生就业创设更多的突破口和渠道，围绕学生顺利就业下足工夫。提升从事就业工作人员的服务精神和服务能力。为学生提供更好的就业服务，需要一支高素质的就业队伍，不但要熟练掌握常规的就业工作规程，更要研究学生成长成才的规律，研究学生就业中出现的问题，研究市场变化规律，研究学生就业心理，成为就业领域内的专家，打造专家化、学者型的就业工作队伍，实现以学生为中心的就业管理。不断加强制度建设，使就业工作制度化、规范化。在就业管理制度制订过程中，要充分做到以学生为中心，充分尊重和肯定学生的主体作用，充分信任学生的智慧和潜能，充分激发学生的能动性和创造性。

其次，坚持以学生为中心的原则，从就业信息、就业指导、就业市场开发等环节为学生提供个性化、人本化的就业服务。

在就业信息服务提供的过程中要紧密围绕学生需求，运用各种先进手段和现代化的技术，及时向学生提供有利于其顺利就业的各种信息，如开设学校就业网站、视频求职简历、手机短信就业信息平台等服务。努力探索针对不同学生类型的个性化信息服务，使学生能够在最短时间内最大限度地获取自己所需的就业服务信息，以促进学生有效就业。

就业指导工作是一项系统工程，它涉及专业设置、教学模式、日常教育、课外活动及学生管理模式等诸多方面。以学生为中心开展就业指导服务，需要做到以下三点：第一，充分了解学生的情况，根据学生的个性特点，指导学生树立职业理想，制订适合自己的大学全程发展规划，为个人职业发展规划打下基础；第二，通过职业测评等辅助工具，让学生更好地认识自己的性格类型和动力特点，了解自己的性格特质，适合的岗位特质；第三，针对就业弱势群体，进行“一对一”的个性化指导，要帮助其找到自身不足，提供解决方案，提升就业竞争力。通过以上步骤可以使学生进一步拓宽自己的思路，更清晰地规划自己的职业生涯，促进毕业生了解个人的工作动机、适应性及工作目标，逐步形成适合本人特点的就业目标，增强适应市场的能力。

从学生的需要出发，把用人单位请到校园里来，组织校园招聘会，努力把学生的就业问题解决在校园里，这既节约了学生的求职成本，又在一定的程度上保证学生安全就业。校园招聘会是学生就业市场的主要组织形式，而就业市场的开发与组织是校园招聘会顺利举办的前提。学生作为就业市场的主体，有其自主意识，所以在制订市场组织方案时也应坚持以学生为中心，根据学生的就业意向，在就业市场的开发与组织前，对全国市场进行科学的分析和规划，着重开发学生重点关注的地区与单位，从而使市场组织更有效，供需双方对接更顺畅，做到有的放矢，提升绩效。

最后，坚持以学生为中心，把学生利益放在首位，把就业工作做成关爱工程。就业管理工作必须将学生既当作培养教育的对象又看作服务的对象，既要严格要求又要关心帮助，想学生之所想，急学生之所急，从大处着眼，从小处着手，切实将以学生为中心的原则落到实处。在洽谈会组织、签约管理、就业咨询服务的过程中把学生当成客户，开展微笑服务。多以学生的角度进行换位思考——如果我是学生，我需要什么样的服务；如果学生是我的弟弟妹妹我会提供什么样的服务。把“一切为了学生，为了一切学生”当作一种承诺，并渗透到就业管理工作的方方面面。

二、以市场为导向原则

市场导向是一种经营管理的策略，是一种组织文化，在这种文化氛围下，组织所有的雇员均承诺持续为顾客创造优异的价值，以此来保证经营活动的良好绩效。

大学生就业管理坚持以市场为导向的原则，是指大学生就业管理工作遵循市场经济规律，加强就业市场建设，借鉴市场经济工作方式和理念，尊重学生与用人单位的主体要求，注重营销与服务，竞争与诚信，完善就业工作体制、机制和工作模式。

首先，以市场为导向要完善大学生就业管理工作的体制和机制。计划经济体制时期，大学生就业管理工作是完成国家分配的计划任务。如今的市场经济体制时期，大学生就业管理工作要与市场紧密相连，要实时进行市场调研，切实摸清市场的需求，并充分反映到学校教育教学过程中。因此，要坚持就业指导招生、出口引导入口，设立专门的市场建设、信息服务、就业指导、就业管理等满足学生和用人单位需要的服务机构，配备层次高、结构好的专业化大学生就业管理工作队伍。

其次，以市场为导向调整大学生就业管理工作的职能和内容。计划经济时期，大学生就业管理工作内容较为单一，在工作职能上，体现更多的是管理。在当前的市场经济时期，大学生就业工作只进行简单的行政职能上的管理，满足不了每个主体需要。因此，要以市场为导向调整工作职能和工作内容，由传统的、单纯的就业行政管理转向市场建设、信息服务、咨询指导、就业管理并重。

最后，以市场为导向要调整大学生就业管理工作理念和方式。市场条件下的大学生就业管理工作，要求顺应时代潮流，转变传统的就业工作理念，树立企业的营销理念，将学生、家长和用人单位视为顾客，最大限度满足三类顾客的需求。在工作方式上，由过去单一的管理向教育、管理、服务并重转型。以双效为原则，改进就业工作服务。即，一方面要重效率，也就是要在尽可能短的时间内，让尽可能多的学生接受尽可能全面的指导服务；另一方面要重效益，也就是要让学生们得到的指导服务是正确的、必要的、管用的。

三、以服务为取向原则

（一）帮助学生明确职业定位，提供就业导航服务

明确职业定位是成功就业的前提，也是就业服务首要解决的问题。就业导航服务是就业指导教师充分利用各种有效工具指导学生在兴趣、能力、价值观等方面进行科学的评估分析，帮助他们认真理清和分析学业完成的情况，建立毕业生就业档案，为他们明确职业定位提供导向服务。对那些有一技之长的同学，可以鼓励他们根据自己的特长选择职业，对于那些无明显特长而又急于工作的同学，可以引导他们根据社会需要选择职业，逐步实现人生价值。另外，在就业导航服务中要充分遵循“以学生需求为第一”的原则，防止将自身的主观想法强加给学生。

（二）充分挖掘市场资源，开展就业信息服务

掌握有效、对称的就业信息资源，是新时期毕业生实现成功就业的基础，开展

就业信息服务也就成为就业服务中的重要环节。开展信息服务是指认真了解就业市场的供求状况，多渠道挖掘就业信息，努力拓展学生的就业空间，并将这些就业资源进行系统整合，有针对性地提供给需要的学生。一方面，建立就业服务互动机制，任命信息联络员，在学校就业指导服务中心与学生之间建立顺畅沟通的渠道，充分利用学校提供的就业资源，同时，动态掌握毕业生的就业服务需求。另一方面，努力调动毕业生自身的主观能动性，以毕业生暑期实践、外出寻找工作为依托，鼓励学生主动收集需求信息，实现资源共享。成立学生就业信息搜集小组，发挥网络资源优势，建立就业信息资料库。

（三）努力提高学生就业能力，实施人才培养服务

提高毕业生的就业能力是使毕业生把握并获得就业机会，在职业中赢得竞争优势的核心，为毕业生提供提高就业能力的业务支持服务是从本质上解决“就业难”的重要途径。人才培养服务主要指在学生的整个大学生涯过程中，创造各种环境，全面提高学生的就业能力。第一阶段，鼓励学生积极参与社团活动、勤工助学等实践活动，培养团体合作精神、提高人际交往水平、积累社会经验、提高自身的职业生涯适应能力。第二阶段，鼓励学生进一步思考就业的深层次问题，利用网络资源及学校和其他渠道的“双选会”，关注最新就业信息，寻找多渠道进行实习、见习，明确用人单位需要什么样的人才，自己适合什么样的工作，增加就业竞争力。第三阶段，在学生求职择业的关键时期，鼓励学生把握各种就业机会，通过各种途径积极应聘，聘请专业领域内的就业形势专家开展模拟求职、指导撰写简历和求职信，帮助学生提高求职、面试技巧，调整好择业心境，确定恰当的择业岗位，合理地调整就业期望值，从而在将来所从事的岗位上实现自身的人生价值。

（四）规范就业过程管理，提供业务支持服务

规范化的就业过程管理，对保障大学生的合法权益、简化就业过程的烦琐程序，保证毕业生实现顺利就业有着积极的作用。毕业生的业务支持服务主要包括指导毕业生了解国家就业政策、明确就业过程中的权利和义务、指导就业手续的办理流程、了解与职业生涯息息相关的就业协议和劳动合同等。在从事这些行政性的就业管理过程中，就业指导教师需时刻牢记“一切为了学生，为了一切学生"的工作原则，简化就业管理过程，指导学生平稳顺利地进入工作岗位。

四、以育人为目标原则

(一)大学生就业管理要立足和定位于大学生的职业生涯发展，体现帮助大学生实现职业理想的终极关怀

大学生的就业是与其学业、职业、事业和人生目标相关联的统一体。大学生就业管理，既要促使大学生顺利就业，更要促进大学生学业进步、职业发展和事业成功，促进大学生学业、就业、职业、事业四者的协调统一，建立以学业为基础，以就业为导向，以职业为载体，以事业为目标的大学生就业管理模式。

(二)要把培养和育人贯穿在大学生就业管理的各个环节

大学生就业管理是一个包括综合素质塑造、职业生涯规划、政策制度指导、职业心理辅导、求职技巧培训、择业决策咨询、需求信息提供、就业环节帮助等八项主要功能的运行系统。以育人为目标就是要在对大学生的就业教育、管理、咨询、指导与服务中，始终考虑如何有利于学生的全面发展，如何有利于学生的成长成才，如何有利于实现学生的职业理想和人生目标。

(三)要强化大学生就业管理的思想教育育人功能

随着大学生思想状况的变化和社会人才标准的转变，大学生就业指导的重点也应由传统的技能指导转向对大学生进行世界观、人生观、价值观和职业道德的教育，也就是要突出它的思想育人功能。一是要以理想信念教育为核心，对大学生深入进行树立正确的世界观、人生观、价值观的教育。针对少数学生在择业时过分强调自我，不顾国家需要和集体利益的情况，加以正确的引导，使大学生形成正确的择业观，自觉地把个人前途和祖国命运联系在一起，把实现个人价值同服务祖国统一起来，最终实现自己的人生理想。二是要通过创业教育培养学生的责任感、自主性，培养学生的创业意识和企业家精神。三是要加强大学生的诚信教育。诚信是社会对人才的基本要求，是市场经济条件下大学生必备的思想品质。加强诚信教育是大学生顺利就业、成长成才的保障，是高校义不容辞的责任。

第三节　大学生就业管理的创新型思路

我国目前“过度教育"局面尤为明显。“过度教育”的理解可以分为两个层次：第一就是指过分地扩张教育。随着社会的发展，对人才的需求量也逐年增加，这直接造成学生与家长对教育的高度重视。另外，各大高校也大力展开扩张招生计划。惊人的大学生数量是否能够代表他们都有真才实学，这就会涉及另一层面的“过度教育”，那就是施教者所传授的知识超过学生身心全方面健康的需要，或不符合现实社会的发展需要，在学生将来的就业当中难以运用或根本运用不到。所以，从“过度教育”的原因状况分析来看，院校自身教育模式的完善与社会用人结构的调整是解决问题的两大重要方向。面对新媒体的出现，院校与社会如何利用创新型的方式来解决大学生就业难题将是本书主要论述的问题。

一、宣传与引导社会正能量

面对当前严峻的就业形势，国家的宏观调控必不可少，针对不同的就业群体与行业，要采取积极的政策和措施来使大学生形成正确的就业观念，逐渐改善严峻的就业现状，大力展开就业指导工作。另外，社会的正确引导作用同样不可忽视，可以以“就业难”为主题，拍摄优秀的公益宣传片或是宣扬一些优秀学生的就业事迹等，以此来传播社会正能量，引导当代大学生形成正确的就业观念，拥有良好的服务心态，而不是人云亦云、好高骛远。

二、建立群组、社区等虚拟就业平台

在传统的教育教学模式中，教师一对多的讲台教学不免显得死板枯燥，难以引起台下学生的兴趣，此种情况下，完全可以利用新媒体延伸学生就业指导，如以微博、微信、主题论坛、虚拟社区、QQ 群主等为传播介质，以院校或班级为单位。其中，教师可作为管理员与信息传播者，另外，也可选出特定的学习委员对新媒体平台进行适时维护，以保证阻断不良信息的传入与影响。在此平台之下，教师可以突破教学的时间与空间局限，且可以打破师生间的交流鸿沟，展开一对一、零距离的辅导教学，老师和学生也可以随时随地将就业困惑发到平台之上，在线的其他人可以此为主题展开深刻讨论，人多自然想法多，多人的提示定会解你一时之惑。在此平台之上，大家可学习的形式也更加多样化，教师所传播的内容可以是文字、图片或视频等。近些年来，一些大型的职场真人秀节目或许会为教学提供丰富的教学题材。

三、实地演练与指导就业

在课堂之上，学生接触到的多是理论知识，包括就业课程的指导，但理论与实践毕竟会存在一定的差距，如在就业的过程当中，难免会遇到一系列的矛盾，如薪资待遇的不平等、同事间的恶性竞争、领导的不理解等。在课堂之上，教师可能面对这些问题只会一带而过，或是告诉学生要守规则、讲原则，必要时候能忍则忍，时刻都要以一个学习者的态度来接受别人的意见，这样的理论说来简单，可真正实行起来却并非易事。关于此类问题，院校有必要深入实践探讨。

四、多样化创新网络就业途径

在过去，大学生找工作更依赖于电视、报纸等传统媒体，随着新媒体的出现，目前 90％的学生将找工作的途径对准了网络。近些年来，招聘网站也在迅速建立与完善，如我们耳熟能详的“智联招聘”“赶集网”“58 同城”等，这样的网站也为学生提供了更多的工作途径。以此为契机，各大院校也可以参照此种模式建立属于自己的招聘网站，搭建起学生与企业间的桥梁。另外，院校建立的网站相对而言会更具针对性，主要针对本院校学生而设置，企业在选择人才的时候也会更具体，对专业的要求也会更明确，避免了学生与企业双方的盲目性。

随着社会就业压力的不断加大，各大求职就业网站也在不断创新，力求为求职者提供良好的寻找工作的平台介质，帮助企业找到准确、适合的目标候选人，为国家缓解就业压力。目前，具有代表性的创新型网站要数“猫聘网”“猎聘网”在 2013 年成立的中国第一家专注于搭建企业与中高端职业经理人桥梁的专业服务中心——全球职业发展中心。该中心致力于为全球优秀雇主提供专业招聘进程与项目服务，有效提升招聘效果，成为雇主获得核心人才竞争优势的策略性业务伙伴。同时，全球职业发展中心职业发展顾问为全球职业经理人提供一对一的职业发展及行业趋势咨询服务，全方位伴随中国职业经理人的职业生涯，助力职场人士获得更高的职业价值。

第四节　大学生电子就业管理模式的构建

一、电子就业管理模型解读

电子就业管理模型是在就业政策体系和技术体系的支撑下，适应于电子就业。管理网络体系，对以电子（介质）就业协议书、报到证为管理基础的就业全过程进行管理。电子就业管理主体从传统的政府部门和高校延伸到政府部门、高校、毕业生、用人单位及一些中介机构，政府部门能够克服条块分割独立操作低效的就业管理，实现分工明确共享资源高效的就业协同管理，毕业生和用人单位能够实现求职招聘的自主式管理，高校就业管理工作减轻，可把主要精力放在提高毕业生就业能力上，中介机构的参与则提高了政府对市场监管的工作能力。电子就业管理贯穿于就业全过程，一般可分为三个阶段：就业前期管理、就业中期管理和就业后期管理。

（一）就业前期管理

就业前期管理也可称为生源信息与签约前管理，主要涉及政府和高校的就业指导信息服务，企业的招聘信息服务，毕业生的面试、推荐、简历信息服务等。具体包括毕业生生源管理、用人单位管理、求职招聘服务管理等。通过统一的公共信息服务平台实现生源信息审核认证和用人单位信息审核认证，保障生源信息和用人单位身份信息的正确性、可信性和可靠性，实现毕业生求职、用人单位招聘、高校就业推荐和政府部门就业政策发布和引导，改变就业信息不对称的状况，促进就业信息的快速传递和有效对接，实现充分就业和高质量就业。

（二）就业中期管理

就业中期管理也称电子就业协议签约管理。主要涉及电子就业协议签约管理、电子就业协议变更管理、电子就业协议审核认证和电子就业协议归档管理。主要是依靠电子就业协议签约平台，实现毕业生和用人单位的就业签约，高校和政府（用人单位主管、人事部门）的就业鉴证。电子就业协议具有纸质就业协议书同等的作用，是用人单位接收的依据，高校和教育行政部门就业派遣的依据，是人事部门接收毕业生办理就业手续的依据——电子就业签约平台是实现电子就业管理的核心。

(三)就业后期管理

就业后期管理主要包括就业报到管理和就业监测管理。就业报到管理包括高校和教育行政部门的就业管理(电子报到证的生成打印、高校就业方案生成)、高校档案迁移管理、人事部门的档案接收管理、报到落户管理等。就业监测管理主要对毕业生生源变动的监测、违约解约的监测及就业状况的监测,实现对就业全过程的监测控制管理,能够为科学制订大学生就业促进政策服务。可以通过监测和反馈历年毕业生就业的供需情况去调控指导招生计划,调整优化专业结构,提高教学质量等。

二、就业协议电子化

就业协议电子化是管理手段电子化的重要内容,是传统就业管理模式向电子就业管理模式的转换基础,是将纸质就业协议书转化为电子就业协议书(广义协议书),以适应高校毕业生多种就业形式的动态管理和有效管理。就业协议电子化需要遵从电子就业协议设计原则,并实现电子就业协议的分类管理与格式设计。

(一)电子就业协议的设计原则

1. 安全可靠性原则

安全可靠性原则,主要对主体身份的认证性和不可否认性。认证性是主体身份识别的过程,体现在电子就业协议书上的三方不能伪造学生、高校、企业或政府的身份。不可否认性是电子就业协议主体必须对自己的合法行为负责,不能也无法事后否认。

2. 真实可信性原则

电子就业协议书中的数据必须真实可信。当用人单位使用电子就业协议书对毕业生发出邀约和应约的时候,其相关信息必须真实可信;当毕业生使用电子就业协议书对用人单位发出邀约和应约的时候,学生相关信息必须真实可靠。通过信息审核认证机制和系统自动审核监控机制可以保障就业信息的真实可靠。

3. 易于管理原则

电子就业协议设计要适应多种就业形式的就业管理。采用统一编码的一人一组广义电子就业协议书(含正式协议书、应聘协议书、其他类型协议书),毕业生可以选择相应的电子就业协议书进行签约,适应了多种就业形式的就业管理。

4. 数据易于统计原则

使用电子就业协议书,可以有效地减少信息不对称现象,使毕业生、高校、企业和政府之间的数据流通更为快捷和方便,有利于相关职能部门的统计监测(如高校、上级主管部门),能够及时获得第一手数据,并实施有效的预警和控制,从而进一步来指导未来的毕业生就业工作。

(二)电子就业协议书的分类与格式设计

相对于传统的纸质就业协议,电子就业协议的分类设计可以更加灵活(易于修改、易于扩充),使其适用于现在或者未来的多种就业形式管理的需要。按就业形式对电子就业协议实现分类管理和格式设计。电子就业协议书大致可分为以下几种。

1. 正式电子就业协议书

正式电子就业协议书,与国家统一的就业协议书格式相对应,是最典型的电子就业协议书,它明确了毕业生、用人单位、毕业生所在学校和用人单位主管部门等四方在毕业生就业工作中的权利和义务,学校将根据协议书的内容开具毕业生就业报到证和户口迁移证,同时转递学生档案。

2. 应聘电子就业协议书

应聘协议书是以协商协议的形式来明确毕业生与用人单位之间的权利和义务,反映的就业形式不与户口、档案等挂钩。设计应聘电子就业协议书重点考虑的是毕业生就业去向信息。

3.灵活就业电子协议书

灵活就业是指在劳动时间、收入报酬、工作场所、保险福利、劳动关系等方面不同于建立在工业化和现代工厂制度基础上的传统主流就业方式的各种就业形式的总称。目前灵活就业的形式主要有：劳务派遣行业、微型生产性企业、社区服务业、独立服务者等，如街头小贩、钟点工、自由职业人、中介经纪、广告人、设计人员、网上开店人员、自主创业人员等。灵活就业电子协议书主要用于灵活就业形式的就业类型。

4.其他特殊就业电子协议书

高校毕业生除正式就业外，还存在诸如出国留学、继续深造、公务员等特殊就业形式。针对此类就业形式，电子就业协议书格式相对简单，能够明确反映毕业生就业去向即可。

(三)信息审核与认证

如何确保电子就业协议信息的真实可靠，就需要建立电子就业信息审核与认证机制，确保就业管理主体和管理对象身份信息的真实可靠。一般来说，信息审核方式分为人工审核和计算机审核。人工审核主要用于非结构和半结构化的信息数据的审核，计算机审核主要是对结构化的数据进行审核。电子就业信息审核既要依靠人工审核，也要采用计算机自动审核机制，简化信息审核过程，保证信息审核的质量。

信息审核认证体系由用人单位身份信息审核认证体系和生源信息审核认证体系组成。一是用人单位身份信息审核认证体系由省级、市地(县)人事主管部门(或受委托高校、中介机构)、用人单位构成，为多级网络体系结构。采用分级办理集中管理方法，认证后发给电子就业专用章或同意电子就业专用章的使用权，确保用人单位身份信息真实可靠。二是生源信息审核与认证体系由省级、高校与院系组成的三级体系，相对于用人单位身份信息的审核认证，技术更加成熟，许多高校和省级就业管理系统都具有生源信息审核与认证的功能。

(四)电子就业协议签约架构

1.电子就业签约/解约方式

电子就业协议签约方式大致可以分为学生主导式签约方式和用人单位主导式

签约方式。所谓学生主导式签约方式，主要是指在前期应聘、面试，双方达成意向的基础上，由学生向用人单位发出电子就业协议邀约请求，用人单位对学生发出的电子就业协议书进行应约操作，同时由高校和人事部门进行审核确认，从而完成电子就业协议签约流程的方式。学生主导式签约方式还能够较好地处理其他特定的就业形式签约，如学生自主创业形式的"签约"流程是：学生选择自主创业就业类型（协议书）发出邀约请求，应约方可以设定为高校或由高校审核认定的专门中介机构，"应约方"对学生发出的电子就业协议书进行应约操作，即可完成签约过程。所谓用人单位主导式签约方式，是指由用人单位向学生发出电子就业协议的邀约请求，学生对用人单位的电子就业协议书进行应约操作，同时由高校和人事部门进行审核确认，从而完成电子就业协议签约流程的方式。类似地，电子就业协议的解约方式也可分为学生主导式解约方式和用人单位主导式解约方式。

2. 就业调控管理

在传统就业管理模式中，就业协议书由学校统一发放，每生一份。但是由于就业协议书管理上的漏洞，存在学生违约（一人多签）和"被就业"现象，并且难以监测。我们提出了一种基于网络的就业协议签约管理控制方法，能够实现有效的网上签约管理。其基本原理是将毕业生就业去向描述为具有统一编码的一组就业协议，设置协议优先级等操作规则，实现协议签约、协议变更过程及不同种类协议的状态转换，对于每一个操作步骤均需要记录操作人、操作类型、操作时间等，以达到整个就业过程的跟踪。保证毕业生只有一种签约状态，控制毕业生签约的唯一性和就业去向的唯一性。

3. 基于电子印章的电子协议审核确认

在传统就业管理模式中，就业协议书是否有效，主要看签约各方是否签字盖章，这个签字盖章过程毕业生往往花了很多时间。在电子就业管理模式中，电子就业协议书是否有效，可以运用电子印章来审核确认电子就业协议的有效性。我们专门研究了一种适合高校毕业生网上签约的电子印章，即基于网络的轻便型电子印章制作管理方法，实现电子就业协议书的审核确认。

三、电子就业管理信息平台的构建

电子就业管理信息平台是实施电子就业服务管理的基础，应当满足电子就业管理网络体系的要求，适应多用户管理，实现网络化价值，应用电子就业协议为代表的电子化管理手段，实现电子就业签约（网上签约），采用面向全过程就业管理的方法，实现全过程就业管理办公自动化与就业状况动态（实时）监测，运行信息审核与认证机制，确保就业信息真实可靠，提供就业信息公共服务。

电子就业管理信息平台主要包括三个子系统：公共信息服务平台、电子协议签约平台和就业统计监测平台。公共信息服务平台的基本功能包括：毕业生生源信息审核认证管理、用人单位信息审核认证管理、求职招聘信息服务管理。电子协议签约平台实现电子协议签约与管理。就业统计监测平台包括：电子报到证的生成打印、高校就业方案生成、高校档案迁移管理、人事部门的档案接收管理、报到落户管理、生源变动监测、违约解约监测和就业状况监测等。同时，电子就业管理信息系统平台的各子系统之间采用规范的数据接口实现互联，并通过数据接口与外部第三方系统进行数据共享与交换，从而使该平台具有极强的可扩展性。

信息采集与认证系统完成毕业生相关数据的采集与管理，并通过毕业生数据上报接口将毕业生数据传向门户网站，并由门户网站进行分类显示；求职与招聘系统完成企业、岗位相关基本信息的采集与管理，利用门户网站获取到的毕业生基本信息和企业信息完成企业招聘信息管理、学生简历管理、在线求职、在线招聘等功能；网上签约管理系统实现就业协议书的电子化管理；就业办公与监测系统利用就业、改派数据接口获取相关就业数据，并完成协议管理、派遣、改派等功能。利用就业监管数据接口，获取毕业生、企业、中介机构、就业管理部门在毕业生就业管理过程中的相关数据，并以表格、图形等形式给出有关就业过程监测报告；就业数据分析决策支持系统实现就业数据的多维展现、分析、统计、挖掘、预测；创业就业指导培训系统以门户网站获取到的毕业生基本信息为基础，实现毕业生的创业就业心理健康辅导、职业素质测评与分析、在线咨询、创业就业论坛等管理任务。

电子就业管理模式以电子介质协议书和报到证为基础全面支持面向就业过程的协同管理，替代基于纸质协议的面向结果管理的传统就业管理模式，实现全过程就业电子化管理，实现了管理理念、管理手段和管理方法的创新，具有重大的现实意义和指导意义。大学生电子就业管理网络体系和信息审核与认证体系，有利于建立电子就业管理运行机制和就业信息共享机制。采用电子就业协议书与协议网上签约，构建统一的电子就业管理信息平台，能够实现就业管理服务网上办公自动化，实现就业状况的动态（实时）监测，实现就业统计（如就业率）的自动计算，能够及时提供动态、及时、准确的决策数据，及时掌握大学生就业情况，通过监测和反馈历年毕业生就业的供需情况去调控指导招生计划，调整优化专业结构，提高教学质量，有利于科学制订促进就业政策，提高就业管理效率和决策水平，提高科学决策能力。

第六章　高校学生组织

第一节　高校学生组织的模式重构

一、高校学生组织的特征与现状分析

高校学生组织既是高校学生事务运行的基本载体，也是学生事务管理的基本单元。

通常人们可以从组织规模、组织功能、组织内部的分工关系对组织的类别和特征进行划分。综合多个角度，本研究认为，高校学生组织从特征上大致可分为两种类型。

（一）以班级为代表的传统组织

这里所指的这种组织类型，无论规模大小，一般都为正式组织。它有这样几种具体的类别。

按学科专业类别区分，作为学生身份基本代码和进入学校各个管理环境识别标志的班级组织。

按政治信仰和个体人生追求所形成的党团组织。

自身沿革与学校发展同步，直接代表和反映学生各种利益诉求的学生会组织。

根据各种兴趣爱好，自由结合、自由进退、自生自灭、自成特色的学生自治组织。以组建的自发性、成员的广泛性、活动的多样性、文化的时代性、结构的松散性、约束的宽容性吸引高校学生积极参与的社团组织最为典型。

（二）以团队为代表的新兴组织

这里所指的这种组织类型，一般都属于非正式组织。现在主要有这样几种类别。

1.学术型团队组织

它是以某种任务目标为导向、由不同学科背景、不同班级或年级学生组成的学生研究组织。它一般规模不大，但结构精干，成员之间根据任务的要求具有功能上的互补性。它虽然没有很严格的规章和繁琐的制度约束，但利益的纽带却将组织中的每个成员连接成紧密的同盟和伙伴。其中的学生核心人物主要是因为自身知识技能的出色而获得学生事务管理者充分的授权和支持。团队组织源自于不同背景的学生对同一任务目标的共同兴趣和具有的相关技能，会随着任务的要求产生相应的人员需求，也会随着任务的完成而结束组织使命，或也有可能由此成长成某种正式组织。

2.网络型虚拟组织

它是在网络上由学生自己建立的、以各种独立的交互平台为单位的虚拟团队。它规模不等，小则以班级为单位的几十人，大则可以学校为单位的上千人。成员基于某种身份背景的相同，或情感、兴趣、需求的一致或相似，可以自愿、方便、快捷地加入或退出，彼此之间互不隶属，是完全平等的朋辈关系。虽然它没有明确的规章制度、内部分工和清晰目标，但由于成员彼此心理相似程度高，通过观念的暗示、情绪的感染和行为的模仿，却同样可以在交往形成的互动中达到内在状态的某种一致，甚至快速地实现某种思想诉求的大范围传播。自然，其中的始创者，或是在网络信息交互过程中自然形成的核心人物，就成为对进入某一虚拟组织的团队成员产生影响力和号召力的虚拟召集人和管理者。但这种管理并非起自任何人的指令或授权，而是凭借彼此交互过程中，由个体网上发言所表达的见解、所掌握的信息、所主张的诉求形成的个人声望，是一种非制度化、软控制的“思想管理”。也正因为这种组织的虚拟化和管理的无形化，它已成为今天在大学校园中隐于无形的重要组织，并已经成为一种新的社会动员力量和群体聚集方式。只要上网，在各式各样的校园论坛或网络社区中，在形形色色的博客或播客的“好友链接”与“圈子”中，它无所不在。

3.交往型互助组织

它是为实现某种任务目标而由学生自觉自愿加入的临时性组织，它的规模一般不大。成员因兴趣、爱好的相同和个体的差异互补，在对发起人的某个特定目标感兴趣的基础上自愿加入，随着目标的完成而结束。成员彼此间是互助伙伴关系。尽管它也没有硬性制度约束，但基于彼此交往过程中相互需求的不同满足和收益共享，组织内部的和谐度相对较高。虽然这种组织的影响力还不是很大，随机性和变动性极强，但它也是校园中值得关注的一种组织新形态。

二、学生组织模式重构

要根据团队运行的相关要素，将原来表面刚性、内部离散的“假团队”，如学生班级组织，将原来表面柔性、内部混乱的“工作组”，如学生社团组织，将初步具有团队形态的“潜在的团队”，如学术型团队组织、网络型虚拟组织等，重塑为具有团队型结构的学生组织，学生事务管理者应当重点掌握好以下“四步建构法”。

（一）把握角色特点，整合个性特征

团队绩效的潜在水平，很大程度上取决于成员个人给团队带来的人力资源。而个人的这种“资源”能否有效地转化为团队的“能源”，则首先取决于我们对个体人格特征、能力特长的了解度和个人特征与其所在团队中角色扮演的匹配度。因为人格和能力与工作性质的匹配，不但能提高个体的满意度和工作绩效，也会因此使团队表现出较高的绩效。

因此，学生事务管理者作为团队建构的发动者，要想把自己管理责任区域内的学生组织真正建构为学生团队组织，首要的前提就是脚踏实地地采用科学的方法，如工作角色量表测试法、小组情景模拟法、自我陈述法等，逐一了解和研究各个学生组织中的每个学生特点，并建立相应的个体特征档案，从而为组建团队做好准备。

可以预计，尽管学生身上所反映的时代群体特征在一个群体内部会比较相似，但源于不同的地域文化、不同的成长环境和成长阅历，每个组织内部的每个学生在个性特征上都是各不相同的。问题并不是这些客观存在的“不同”，而是我们应当怎样去看待和把握这些“不同”。所以，学生事务管理者应当充分认识到：无论我们个人对学生的个性特征是否欣赏，但对团队来说，不存在哪种个性特征“最好”，只有哪种个性特征与团队环境、与团队目标、与成员结构匹配“更好”。我们所说的在把握学生特点的基础上整合学生个性特征，并非简单地要约束它，更不是要改造它，而是要整合后使其与组织环境匹配得更好。

团队，恰是一个由不同个性特征相辅、不同特长功能互补的人构成的组织。因此，研究学生特点，尊重个体差异，促成良好的个性特征与团队任务的匹配，是建构团队的第一步。

(二)把握结构设计，突出灵活特征

在基于团队的结构中，整个组织是由执行组织各项任务的工作小组或团队组成的。因此，如何根据高校现有学生组织的现有状况和活动规律，在把握团队结构本质的前提下，做好团队的结构设计，体现灵活特征，就成为形成团队模式的中心环节，也是学生组织团队建构的第二步。

管理学研究表明，在一些大型组织中，团队结构是与通常的职能型结构或事业型结构相结合的。另外，矩阵型结构也是现代组织流行的结构设计方式。与之相比，另一种更为有效的组织结构设计方案是项目型结构。在这种结构下，团队成员持续地变换工作的项目小组，可以在一项任务完成后，直接带着他们的技巧、能力和经验参与到另一个项目小组中去。由于在此结构下，所有的工作活动都是以项目团队方式来开展的，项目团队的组建、解散与再建都依工作需要而定，没有了职能部门的划分和刻板的组织层级，因而避免了决策和采取行动的迟缓。而此时的管理者就成为帮助和服务项目团队、为确保团队取得功效而提供各种资源、消除各种组织壁垒的促进者、导师和教练。

在实证研究和考察中，本研究认为，无论是矩阵型结构还是项目型结构，都是实现学生组织团队模式的有效结构。二者虽有差异，但其共同的本质都是强调团队根据任务目标的自主选择和自我管理。关键是学生事务管理者，要根据不同工作的特征，灵活地选择、采取和运用这两种结构。比如，现存的学生社区组织，就是一种矩阵型结构。它是将在一个社区内不同专业、不同年级学生中的优秀者组成管理单元进行学生自我管理的一种组织。学生既在社区组织中工作，又在原有的班级组织中学习。它通过学生工作系统内部的沟通，对学生的表现给予综合评价。而其他一些科技性、学术性工作，项目型结构作用又更为明显。从现实操作层面看，矩阵型结构更易为正式组织所采用，而项目型结构既适用于正式组织，也适用于非正式组织。

因此，学生事务管理者应以促进者和教练的角色，根据班级内部学生的不同需求，通过项目型结构的设计，在班级内形成由学生自主选择的若干小团队，并以引入团队竞争和后续激励评价为依托，推动班级组织的健康发展。同时，也可以

将整个班级为团队主体参与学校设立的各种项目型结构中去,借以提升整个班级的向心力和凝聚力。

(三)把握发展愿景,细化团队特征

1. 要把握愿景的人性化

愿景虽然具有对组织和团队的导向功能,但必须划清它和以往组织要求的差别,它不是外部强加的指令,而是学生个体主动选择的愿望。所以,学生事务管理者可以通过团体训练、小组交流、个人展示等可记载方式,首先帮助组织中的学生归纳细化个人愿景,并在共同的交流分享中,帮助学生完成可行性与现实性分析,指导其完成对个人目标的清晰确认。在此基础上,可以汇总组织内所有成员的个人愿景,在进一步相互启发、交流和共同探讨的基础上,由学生群体自己提出本组织的发展目标。这一过程既是尊重每个成员话语权和选择权的过程,也是团队内部彼此交流学习的过程,价值观整合的过程。倘若每个学生个体在这一过程中,通过对组织愿景的理解和认同,产生了身份归属感、集体荣誉感和团队竞争意识,团队就在无形中构成了。这一把握和细化的目的,是为了培养认同感,塑造“自己的团队”的形象。

2. 要把握愿景的阶段化

无论是学生个人愿景,还是组织愿景,都是阶段性递进并适时调整的。对于情感变化丰富、思维并不稳固的学生而言,好大喜功、急功近利但又缺少恒心,往往是他们的通病。学生事务管理者只有帮助他们细化阶段性目标,指导他们实现一个个阶段性愿景,脚踏实地地为人生目标做好扎实积累,才能有效地降低学生的挫折感,坚定他们在集体中共同成长的信心。团队愿景的分阶段细化有助于不断为成员提供可超越的具体目标,使成员不断获得胜任感、成就感,并因新目标的刺激而不断激发赶超的动力。这一把握和细化的目的,是为了培养愉悦感,塑造“喜爱的团队”的形象。

3. 把握愿景的差异化

虽然就整个高等教育的总体育人目标和学生组织整体的发展趋势而言,各种类型学生组织的内核是基本一致的,但鉴于其不同的组织类型、成员构成、功能差异和任务导向，每个形成团队的学生组织的愿景也应是有所差异的，而绝非千篇一律。恰是因为这种差异，才构成了一个个鲜活的“有机生命体”。因此，学生事务管理者要善于帮助学生团队发现和寻找属于自己团队的独特性特征，细化和突出团队独有的组织愿景，并用后续一系列的组织行为来支持并保持这种组织个性。这一把握和细化的目的，是为了培养自豪感，塑造“成功的团队”的形象。

第二节　高校学生干部选拔与任用

一、高校学生干部作用

高校学生干部是校各级党政工团组织和学生管理部门联系学生的桥梁和纽带，是学校各项工作的具体参与者，是培养大学生创新精神、创新意识和创新能力的重要实施者。学校通过学生干部了解学生思想动态，掌握学生学习、工作和生活特征，从而制订正确的管理措施。因此，抓好学生干部的培养和教育，不仅是当代社会发展的需要，也是做好学校教育管理工作的需要。

学生干部是学生中的优秀代表，他们一般为德才兼备或有特长的学生，在同学中具有较高的威信，是学生心目中的领袖人物，对学生具有直接的影响力和感召力。但是，由于社会阅历因素、成长背景及其他条件等因素的影响，在他们身上不可避免地存在一些问题。特别是有些高校对学生干部存在着“重使用，轻培养”的现象，使学生干部队伍存在着不尽人意的地方。这就需要党团组织充分认识对学生干部培养教育的重要性，及时了解和掌握学生干部队伍的状况。切实加强对他们的培养和教育，激发他们的服务热情，传授给他们必要的知识，教给他们多样的工作方法，不断提高他们的工作能力，使他们努力克服自身的缺点，从而为学校的学生管理工作做出更大的贡献。

二、高校学生干部队伍的建设

（一）领导要重视学生干部队伍建设

作为领导老师要在思想上加强认识，不仅学生管理部门，全校都应关心和支持学生干部队伍的建设。学校的学工部门应从环境的营造到人、财、物的投入及相应的政策措施保障上积极支持学生干部队伍建设;深入到学生干部队伍一线,了解学生干部队伍建设的实际情况,帮助解决实际工作中的困难和问题。对学生干部所犯的非原则性错误应该多宽容理解、少抱怨批评,以免挫伤工作积极性,鼓励和帮助他们循序渐进地改正缺点、开展工作。对于学生中抱有积极、热情态度的志愿者们始终要给予鼓励,使他们自觉地成为学生中的模范带头人。

(二)制定完善的选拔、考核、监督激励制度

在学生干部的选拔上严格把关,并有相应的考核监督激励机制,做到"靠好的制度选人,选好的人做好事",紧紧抓住选拔、任用、考核、激励、评估五个环节,将培养、使用、教育贯穿于学生干部队伍建设的全过程。

建立健全干部竞争上岗制、定期的民主生活会制、定期工作汇报制度、定期民意调查制度、干部工作档案制度、财务管理制度、干部申辩制度等切实可行的制度,规范学生干部的具体工作行为;从德、能、勤、绩等多方面对学生干部进行立体交叉综合考核,考核结果记入学生干部本人档案,并根据考核结果对学生干部进行适当激励(包括正向激励和负向激励);在评奖评优、推优入党、就业推荐等工作中领导老师要积极为学生干部争取正当的荣誉和利益。在落实执行这一系列制度过程中要结合实际不断完善,确保其有效性和可行性。

(三)加强培训指导,提升工作能力

改变"使用代替培训"观念,利用团校、党校、培训班、网络、报纸、社会实践等多种阵地定期对学生干部进行业务培训指导,加强学生干部的思想品质建设、能力建设、作风建设等,提升学生干部的思想认识,端正工作动机,锻炼意志品质,增强工作创新能力和团队合作精神、净化工作作风。

(四)加强学生干部之间的工作交流

"三人行,必有我师",给学生干部们创造机会定期举行"学生干部工作沙龙",彼此交流工作心得、工作经验和教训。此举作为老师对学生干部培训的补充,对学生干部的责任意识和创新意识的培养起到无形的鞭策作用。

(五)加强思想教育,注重学生干部思想素质培养

1.培养学生干部,加强思想教育是关键

通过第二课堂的教育活动,培养学生关心时事政治、了解现代社会、积极投身发展的时代责任感;利用教育的优势,对学生干部进行爱国主义教育,培养学生干部乐于吃苦、甘于奉献的精神。

2.培养高素质学生干部,知识教育是基础

要培养学生干部的专业素质和人文素质,就要引导学生干部树立正确的学习观,把学习作为学生的本职,提倡学生干部在专业学习上能以优异的成绩起模范作用。

3.培养高素质学生干部,还应注重学生心理素质的培养

作为21世纪大学生,更应该具备良好的心理素质和身体素质。尤其是学生干部,在学习、工作、人际交往等方面会遇到比普通同学更多的问题,这就要求学生干部在加强身体素质锻炼的基础上要对自己的岗位发自内心的热爱,培养广泛的兴趣,养成良好的性格,在遇到挫折时不畏艰难、顽强进取,才能适应激烈的竞争。

三、明确选拔标准,程序严格把关

(一)明确学生干部的标准

政治上要求进步,坚持四项基本原则,拥护中国共产党的领导,热爱祖国,热爱集体,在广大同学中起榜样示范作用,具有一定的感召力和凝聚力。

学习上目的明确,学习态度端正,对人生、前途充满希望,有一定的组织能力和管理能力,热心为同学服务,具有一定的社会工作能力。

工作中严格要求自己,遵纪守法,诚实正派,团结同学,是非观念强,有忍让精神和吃苦耐劳的意志品质。

生活中具有良好的个人修养,心理健康,有较好的身体素质和智力素质,能正

确处理好工作和生活的关系。

(二)掌握学生干部的选拔程序和方法

学生干部的选拔非常重要。在新生入校不了解情况时,可根据高中档案与简单考察结合选干,但不能将档案作为唯一依据,因为有些档案对学生的评价褒多贬少,甚至言过其实,应先试用一段时间,再采取选举的方式确定。具体而言,第一学期,通过高中档案和军训了解,基本确定人选。第二学期,在老师的精心指导下完成各项工作,这是深入了解、大浪淘沙的过程。第二学年,在老师的"宏观调控"下,各学生干部充分发挥主观能动性,努力实现独立开展工作。到了第三学年,主要学生干部能独挡一面地开展工作,比较自如的处理团总支、学生会和班级的各项事务。但经选举产生的干部有些也可能不完全适合,所以在使用过程中,辅导员根据情况及时进行补充和调整。

四、使用培养并举,提升学生素质

学生干部在学校教学、学生管理、为同学服务等方面发挥作用如何,在很大程度上取决于学生干部的素质。因此,加强学生干部队伍建设就显得尤为重要。笔者从思想修养、学习成绩、能力特长、工作方法、情感投入等五个方面浅析如何加强学生干部的素质培养。

(一)重视思想修养,坚定理想信念

一名合格的学生干部应坚决拥护党的路线、方针、政策,自觉接受中国共产党的领导和共青团的指导帮助。学生干部要重视理论知识的学习,关心时事政治,具有识别各种不良倾向和错误思潮的能力,有极大的政治热情和强烈的社会责任感。此外,要学会理论联系实际,运用马克思主义的基本观点来分析、解决问题,只有这样,才能经得起各种考验,始终坚持正确的政治方向。"学生干部",这个称号就是意味着一种义务,一种为同学服务的义务。

(二)做好本职工作,合理安排时间

学习是学生的天职,更是学生干部的天职。学生干部在学习上应刻苦钻研,善于抓紧时间复习各门功课,探索出适合自己特点的学习方法,争取在考试中取

得好成绩,用自己的实际行动带动周围的同学,培养良好的学习风气。做学生工作不仅耗费时间和精力,有时甚至伤感情,也会影响专业学习。因此,一个学生干部要取得好成绩,要正确处理学习和工作的矛盾,有较强的自我管理能力,学会用理智控制自己的情绪,增强对外界刺激的心理承受能力,不断提高抗挫折能力,既注意理智上的自控,又注意情商的调适,这样,才能做到学习、工作两不误、两促进。

(三)提升综合能力,发挥优势特长

一个学生干部应具有较强的组织能力、表达能力及社交能力。组织能力体现在学生干部在组织活动时,对活动的选择,方案的制订,计划的落实,活动以后的总结都能有较完整的考虑,并有处理意外事情的能力。在活动过程中,学生干部应有主见,安排工作有计划性、系统性、有办法,充分发挥同学们的积极性、主动性及创造性,使每个人的才能得以充分发挥。表达能力包括口头表达能力和书面表达能力,即"站起来能说,坐下来能写"。一个出色的学生干部应有较高的政治理论水平、文字水平有较好的文字修养,能写出简明扼要、条理清楚、表达明确的工作报告;出色的口才可以增加自信,并提高工作的效率,它是学生干部的一笔无形财富。此外,对特殊岗位上的学生干部,还要求具有一定的特长,如宣传方面的书法绘画,体育方面的田径球类,文艺方面的能歌善舞等,以便更好地开展工作。

(四)真情感化学生,真理影响学生

现在的学生独生子女较多,他们生活在新时代,眼界开阔,言行务实,相信自我奋斗。他们的优点是接受新事物的意识和能力非常强,喜欢独立思考,有较强的平等意识、法律意识和竞争意识,但他们常常以自我为中心,缺乏吃苦精神,心理素质差,遇事很少息事宁人。考虑到他们的这些特点,在工作中我们要兼顾他们的个性和自尊心。每当要批评一个学生干部时,事先我们要仔细想一想,他身上有哪些优点,最近做了哪些工作,然后在谈话中实事求是地肯定其优点,言辞恳切地提出其不足。真正做到以情感人、以理服人,以深厚的师生情谊来感化学生。

为社会输送大批既有科学文化知识,又有领导和管理才能的人才是高等学校尤其是高校团学工作者义不容辞的任务,各级党团组织应该重视学生干部队伍的培养和教育,探讨和解决新形势下学生干部选拔培养中出现的新问题,努力为社

会主义现代化建设输送更多更好的合格人才。我们相信，高校学生干部在他们的成长历程中一定能肩负起实现“中国梦”的历史重任。

第三节　高校社团发展研究

一、被动管理向主动管理转型

以人为本、面向学生、主动管理和服务是高校学生社团的管理贯彻落实科学发展观的客观要求。尽管各高校在引导、规范、管理和服务学生社团的工作中进行了不懈的探索和有益的积累，学生社团的管理也取得了一定的成效，但学生社团本身的自发性、体制的松散性、正式群体与非正式群体特征的并存性，和高校学生社团管理部门审批的行政许可性，学生社团的活动所遵从的“活动申请立项、年度评比奖励”的方式及学生社团的顾问、指导教师顾而不问、被动指导等，使学生社团管理在其成立之初到其存续期间全程都基本上是一种“依申请”而为的行为。这种管理行为和模式，从本质上说是被动的。

学生社团可以培养学生良好的思想道德、政治素质、正确的价值取向；可以提高学生文化素质、能力素质、身心素质和自主能力。参与学生社团活动是学生丰富校园生活，培养兴趣爱好，参与学校活动，扩大求知领域，锻炼交往能力，丰富内心世界的重要方式。在校大学生可以根据自己的兴趣和实际情况，有选择地参加各种学生社团，在参与社团活动过程中不断提高自身的综合素质。在实施素质教育的今天，要切实发挥学生社团在提高学生思想道德素质、培养创新精神和实践才能、丰富校园文化生活等素质拓展方面的重要作用，就必须主动出击，围绕学生的成长和成才搞好学生社团的管理和服务工作。

第一，主动管理需要树立服务意识。真正意义上的服务活动必然是主动的活动。迄今，“管理即服务”的观念已深入人心，但真正做到寓管理于服务之中，从被动管理向主动管理过渡，仍需进一步解放思想、转变观念。具体到学生社团管理，在充分认识学生社团重要地位和作用的基础上，强化对学生社团的服务意识，至关重要。高校教育工作者只要围绕学校育人的中心工作，立足各自的工作岗位，在教学、科研、管理、服务中做到依托学生社团组织、凭借学生社团活动开展育人工作，就会达到事半功倍的效果。也正因为如此，必须对学生社团，倍加珍爱、呵护，全心全意为其服务，关心其发起、成立和发展、壮大，在提供咨询、亲临指导、经费投入和解决突出问题等方面不遗余力，在热情和周到的服务之中体现主动管理。

第二，主动管理必须以明确管理者的权力与责任为前提。行政法学告诉我们，管理者的权力可以处分(让渡或放弃)，但责任或义务却必须履行，管理者的权力和责任合称为职责。如今大学里也普遍实行校务公开，其中一项内容就是将管理者的权力与责任进一步明确，人们可以轻而易举地找到学生社团的管理者，并可对其不作为行为进行指责和投诉。大学校园中，学生社团的管理主体多种多样，有学校相关部门如党委宣传部、学工部、学生处、团委等作为管理部门的，也有由上述部门牵头或联合组成的社团管理中心、社团管理指导委员会、社团管理工作委员会、社团部进行管理的。但无论谁是管理者，都应明确其对学生社团工作每一个环节管理和服务的职责，譬如：明确挂靠单位、审查批准成立、指导成立大会、审核活动计划、培训社团骨干、督促换届选举、审计社团经费、开展社团年检及年终奖评级等，切实做到有章可循、岗位明确、分工清楚、责任到人，促进学生社团管理工作制度化和规范化。

第三，主动管理本质上是以人为本和大学经营的结合。一方面，学生主体地位的增强和需求的多样化，对高校学生社团管理工作的内容和方式方法提出了新要求。随着高校教育体制改革的深化，高等教育大众化、就业市场化的发展趋势日益明显，“教育投资”“教育消费”的观念在逐渐形成并开始强化。学生由教育福利的受益者变成了教育消费者，使得学生的教育主体地位进一步增强，对学校的生活、学习和成才环境、就业服务有着更高的期望和要求。学生就业市场化，增加了学生自主择业的压力，使提高综合素质、增强就业竞争力成为大学生的迫切需求，客观上也要求高校管理者必须拿出新的、有效的凝聚学生和服务学生的手段与方法。学生维护自身权益的意识和要求也更加强烈，维护学生的权益成为一个倍受关注的问题。另一方面，高校面对的是市场经济的社会，进入社会就意味着进入市场，尽管高校与其也有着重大差别，但作为进入市场的组织，“适者生存”的法则对大家都是一致的。如何“适”，就有一个经营的问题。实践证明，校内学生社团较多、社团活动较丰富的高校，毕业生就业率也就较高，与之相适应的，出口也就通畅，源头有活水，报考生源也就广。高校社团管理必须牢固树立科学发展观，紧紧围绕青年学生的学习、工作、生活，以人为本，进一步强化服务职能，服务于学生成长、成才，把阶段目标与长远目标结合起来，不断提高管理工作的针对性和实效性。同时要运筹帷幄，扬长避短，努力使自己学生社团的优势与特色最大化。

二、策略管理向战略管理转型

策略管理是在事情确定的前提下，如何把事情做好的过程，是技术式的管理。而战略管理则强调的首先是选择做什么事，是一种思想式的管理。过去，高校管理者的主要思考领域是执行而非决策，因此，其管理行为过多地表现为策略管理，而非战略管理。但是，如果认为仅仅通过执行现有规定就能高枕无忧地管理好学生社团，则极有可能面临突如其来的困境。做正确的决策往往比正确地执行决策更重要。所以，树立良好的战略管理意识，是对当代高校学生社团管理者的基本要求。了解战略管理与科学决策，是高校学生社团管理者根本无法回避的，是决定学生社团命运和现实的问题。

在战略制胜时代里，高校学生社团由策略管理向战略管理转变，其重要的是管理理想或目标的拟定和确立，它包括三个层面的内容：一是理念层次，即关于学生社团终极价值的理解，是对“学生社团怎样才能最有价值”的判断；二是理想层次，即关于学生社团理念的现实显现的把握，是对“要把学生社团建成什么样子”的看法；三是战略层次，即如何将目标和理想付诸实施的方案设计。以上三个层次的内容中是相互贯通的，既是组织目标，也是一种思维方式，反映了高校管理者在确立学生社团发展战略中的特有思维。从管理学的角度讲，组织目标即组织战略的具体体现。在设计目标的过程中，不同组织有着不同的战略思维。学生社团管理战略思维的特点是充分强调目标设计中的主体观念和长远见识。

基于学生社团管理目标或理想基础上的战略思维，对促进学生社团的战略管理转变具有重要意义。首先，学生社团管理目标或理想的确立过程，是基于深刻的哲学追问基础上的，这种超然思维有助于高校管理者把对学生社团管理的认识引向深入，克服通常存在的实然思维的局限。对于学生社团的发展，不能说高校管理者没有考虑，问题在于这类考虑往往停留在“只见树木，不见森林”的层次上，缺乏灵魂。其次，所谓目标或理想，是指某一主体的奋斗目标和理想，它必然反映主体的个性。基于目标或理想这一特点的思维，正是当今高校管理者和学生社团发展所追求的。围绕学校育人的中心工作、服务大学生成长成才，本身就是促进高校学生社团个性化的过程。最后，学生社团管理目标或理想是基于高校学生社团管理者对社会发展趋势和学校价值取向的共同思考而确立的，更强调自我在适应社会发展趋势中的作用。这种思维与大学在社会发展中应扮演的角色是相一致的。高校学生社团的这种适应绝不是简单、被动的适应，而是在适应现实需求的同时，更注重引导社会的未来方向，即代表着先进文化的前进方向。这既是高校学生社团前瞻性的表现，也是社会对大学提出的要求。

旨在激发学生潜能、发挥学生个性、培养学生能力、提高学生素质的高校学生社团管理者，大都奉行大力扶持理论学习型社团、积极倡导公益服务型社团、热情鼓励学术科研型社团、正确引导兴趣爱好型社团的原则。高校社团管理者应进一步加强对策研究，切实加强学生社团建设，要做到以下几点：一要积极鼓励，正确引导，把握学生社团的发展方向；二要强化实践，鼓励创新，提升学生社团活动的层次；三要突出重点，分类指导，促进各类社团的有序发展；四要延伸手臂，拓展空间，加强学生社团团建探索；五要规范管理，抓好骨干，推动学生社团的健康发展；六要在外部机制上，做到"四给"，即给政策、给人员、给经费、给设施；七要在内部机制上寻找"四点"，即社团工作的依托点、凝聚点、闪光点和结合点。

三、行政化管理向学术化管理转型

行政化管理与学术化管理，是两种不同的行为。前者的管理原则是服从与统一，强调下级对上级的服从，少数对多数的服从和个人对集体的服从；后者的管理原则是自主、自由，强调个人判断的价值，民主平等的讨论和对真理的服从。长期以来，受我国高等教育管理体制集权管理、计划运行和行政模式等特点的影响，高校的管理行为存在着较为严重的行政化倾向。加快这一管理行为的转变，即由操作型向专业化转型，应成为高校管理改革全局中一个不容忽视的重点内容。

在学生社团管理上，强调学术化管理，但并不是彻底不要行政管理。目前，从学生社团的数量、人数和类别上看，呈现出百花齐放、生机勃勃的繁荣景象，对于规模日益庞大、数量急剧增多、活动日益复杂的学生社团来说，离开有效的行政管理，是不可想象的。实现大学校园学生社团管理由行政化管理向学术化管理转型的完整意义在于，从大学的学术本质特点出发，遵循学术活动规律，提升学术权威，平衡两种管理，提高校园文化的科技含量，营造良好的学术环境，需要做到以下三点。

一是鼓励学术科研型社团的成立和发展。从学生社团的活动内容来看，学生社团呈现出由以兴趣型为主向兴趣型和务实型并重转变、以人文型为主向人文型和科研型并重转变的趋势。近几年来，大学生参加社团，逐渐从纯粹的兴趣到现在的"兴趣＋务实"转变。面对竞争激烈、快速发展的社会，他们的目光不再是单纯希望在社团这个群体中丰富自己的生活，更希望能在社团生活中发展自我，完善自我，提高社会竞争力，充分体现了当代大学生的求实态度。同时，过去的学生社团较多地注重人文知识的提高和人文精神的熏陶，满足于人文氛围的营造。面对扑面而来的知识经济浪潮，大学生们逐渐意识到掌握扎实的专业技能的重要性，创新能力培养的重要性。因此，他们不再满足于社团活动的文化表层，而是注重将科技精神及学术研究充实到学生社团的文化深层，以此促进自身的成才。于是，高校中的各类学术研究协会、科技协会和科技创业团队正广泛兴起。

二是促使学生社团组织结构运行的学术化。这一问题的涵义是：学生社团的组织构成应按学术活动的要求设计，不能照搬行政机构的模式；学生社团内部的管理，要按学术特点进行，不能照搬行政命令的管理方式；学生社团间的运行，要按学术组织的方式规范，不能照搬原科层制的运行模式。促使学生社团组织结构与运行的学术化，就是要在上述原则下处理好学术与行政的关系，解决组织构成与运行的问题。

三是营造良好的学术环境。管理是环境的产物，转变行政管理模式，需要新制度的建设，也需要相应的制度环境的支撑。建立良好的学术环境，不仅是促进管理方式转变的基础，也是管理方式转变的本身内容。对应于行政管理的文化，良好的学术环境，应当是崇尚真理而不是迷信权力的环境：应当是充分宽容而不是标准统一的环境；应当是高度民主而不是等级森严的环境：应当是鼓励优秀人才脱颖而出而不是制造“优秀”人才的环境。向学术化管理转变，就是要用这种创新精神管理大学学生社团。

四、封闭管理向开放管理转型

随着高等学校运行机制的市场化和高校在教学、科研管理上的改革，无论从外部环境还是内部环境来说，高等学校都越来越处于开放的系统之中，高校学生社团也概莫能外。从学生社团组织形式和活动方式看，呈现出参与的自愿性、活动的灵活性和开放性等特点；从学生社团的活动的范围看，形成了由校园型为主向校园型和社会型扩展的态势：从学生社团的经费来源看，开始由单靠学校划拨资金步入多渠道（校外）筹集资金的良性运作。在这一背景下的管理，与计划体制下的管理有着重大的差别。在计划体制下，高校学生社团管理从决策、活动及评价，都具有封闭性的特点，无法适应开放环境下的办学和工作要求，这就必须从封闭管理向开放管理转变。

一要加强指导，使学生社团的管理组织和决策机构开放化。20世纪后半期以来，许多国家在建立现代大学制度过程中，都采用校内与校外结合的方式组成大学的决策机构，以避免纯校内决策组织的趋同化和内部化的劣势。这一做法实际也是对改革开放条件下高校管理方式的适应性改革。那么高校学生社团的管理组织和决策机构应怎样改进，以确保决策的社会化，是高校学生社团管理行为转变必须充分考虑的问题。

二要延伸手臂，拓展空间，使学生社团的校内活动与校外活动有机结合。实践证明，封闭式的管理和纯粹的校内活动，不仅走不出学生社团活动形式和内容的简单重复和“近亲繁殖”，而且也限制了学生的视野和思维空间，不利于大学生社会化的加快。无论是大学培养具有创新精神和实践能力的高素质人才目标要求，还是大学生适应社会未来就业、择业、创业的客观需求，都决定了学生社团发展必须走开放式和社会化的路子。

三要充分挖掘和利用社会资源，主动出击，内引外联，走出校园，拓宽社团经费来源，促进学生会员社会化，增强学生社团的生命力。要努力缩小校园与社会的距离，拓展活动领域，扩大活动内容和范围，走出校门，尽量使广大会员接触社会、了解社会，积累一定的社会阅历，培养锻炼各方面的社会技能，便于将来能够尽快适应社会，同时增强社团自身的吸引力，积累、沉淀优秀的社团文化。

第七章　高校学生管理制度的探索创新

第一节　高校学生社区化管理的探索实践

一、高校学生社区的内涵及社区化管理产生的背景

(一)高校学生社区的概念

随着我国高校改革的进一步深入,以寝室为单位的学生社区的地位日益突出。学生社区是社区概念在学校管理中的反映,学生社区是大学生在校学习、生活、休息的基本活动场所。社会学研究表明,社区首先是一种地域上的存在,其次“它的实质是人的聚居与互动”。就第一层意思而言,社区的特点是居民的共同居住;第二层意思则表明社区具有文化功能。学生社区也是一个社区,就一所高校而言,它指这所高校的所有寝室和周边环境(学生公寓)及这种环境所能达到的最大的育人功能。

(二)高校学生社区的内涵

与社区概念相对应,这一概念也包含两个内容,一是指区域环境,二是指文化功能。区域环境即是指:一方面,学生社区是校园的区域组成之一,是校园内的地理分区,是学生的居住区;另一方面,学生社区也是学校的一个重要管理区,就社会组成结构来讲它是组成学校管理的结构之一,学校与学区存在某种程度上的隶属关系。不过,在完全学分制实施的背景下,学生群体间专业、班级甚至年级的界限日益模糊,作为学生的居住区其地位也应随之上升,以满足学生以居民身份与学校及相关社会机构进行实质性对话的要求。文化功能更多地表现为社区人文环境与居民生活的相生相融,成为社区居民接受文化教育的主要阵地。学生社区在文化功能上还要承担更多的责任,要确保“文化为了教育,教育为了学生”,它具有更加鲜明的目标和内容指向。

高校学生社区的主要功能,就是要使学区成为高校德育工作的一个有效的有

机环节。它承担的主要任务是为未来社会培养合格的社会公民，从社区角度出发，即要培养适应社区生活，与社区和谐相处的居民。一个社会的现代化归根结底是人的现代化，是人的意识和人的才能的现代化社区作为社会构成的单元部分，它的现代化更离不开其居民即社区成员意识的现代化。因此培养具有社会意识的现代人必然成为现代教育的任务之一。学生社区作为社区的特殊形态，同样要求其居民（学生为主体）以社区理念处理社区事务从这一角度讲，学生社区承担向居住其间的不同年龄、不同性别、不同生源、不同专业的学生灌输现代社区意识，将其培养成为积极参与社区事物、能适应并完善未来居住环境的合格居民的任务。因此，学生社区更像一个准社区，就如同学校向各行业输送人才一样，它负责向未来的社区输送高层次的居民。

（三）高校学生社区化管理产生的背景

第一，中国高等教育现代化和国际化发展趋势需要一种符合高校学生教育管理的新模式。为了克服高校持续扩招带来的后勤设施不足，中国高校借助国外发达国家高校后勤社会化的管理体制，或引进社会资金，或集资联建，或贷款与集资相结合，大力兴建学生公寓，并推行了后勤社会化管理，较稳定快速地解决了学生的住宿、餐饮、娱乐等一系列学习、生活、文化活动设施存在的经费短缺的问题。但后勤社会化却带来了高校管理的“二元化”问题，即对学生的学习实行的是与西方高校不同的传统教学行政管理，而对大学生的生活却推行了类似西方大学的社会化管理，在教学计划行政管理与社会化管理事实上存在着“两个体系”。高校学生工作面临的挑战是：怎样将“行政管理”与“社会化管理”两个体系合二为一，从而达到对学生人格教育的统一。在这种新情况下，高校实行社区化管理势在必行。

第二，中国高等教育改革和发展不断深化需要改革传统管理模式。面对高等教育的改革和发展的现实情况，尤其是高校学分制改革的逐步深化，传统的班级概念趋于淡化，以班级作为思想教育基本组织形式和主要工作渠道的情况正在改变，社区越来越成为大学生学习、生活的重要场所。同时，随着高校后勤服务社会化步伐加快，学生社区的环境氛围、社区的文化设施和社区管理服务的质量如何及社区管理模式怎样，这些对传统的高校学生工作提出了新的问题。因此，高校社区化管理被提上了议事日程。高校学生社区化管理是适应高等教育改革与发展的时代要求。

第三，适应学生群体特征，加强和深化高校思想教育工作，需要一种更切合实际、具有实效的教育管理新模式。高校学生思想教育工作者必须根据变化了的情况及时调整工作思路，做出应对之策。面对高等教育的日趋现代化和国际化，特别是教育教学改革的不断深化，高校改革向纵深发展的新形势，高校学生社区管理如何坚持社会主义办学方向，如何坚持兴“教”的宗旨不动摇，是一个值得认真研究和探索的重大实践课题。近年来，很多高校在开展党建与思想教育工作及日常教育管理工作方面，与时俱进，不断创新，探索出了一条符合形势发展要求和高校实际的学生教育管理新路子，即高校学生社区化管理。高校学生社区化管理是加强和深化新时期高校学生思想教育工作的需要。

二、高校学生社区化管理的现状

(一)高校学生社区化管理实践

1. 单一院校学生社区管理模式

这类学生社区管理学生来源单一，规模相对较小，管理容易到位。因此通过社区党总支、支部、学生党员接待室、社区团组织、社区学生会、心理咨询室等的构建，就形成了从学校党委行政到社区学生寝室的完整管理体系，使各类社区管理中容易发生的问题能得到及时有效的解决。这类管理模式总的来说比较成功。

2. 跨省(市)大学城与集中多所高校的大学城社区的学生管理模式

跨省(市)大学城和同省(市)集中多所高校的大学城社区的学生管理的特点是，城区规模大，学生人数多，基础设施可以得到有效利用，在生活管理上可以取得相应的效益。但与之相对应单是，正是由于学生人数多、涉及的学校多，因此，在管理上也容易出现某些漏洞，这种管理的漏洞主要不是寝室管理的不规范，或者教学设施使用上的混乱，事实上，一个大学城在学生寝室的管理上是完全可以统一规范的，其教学设施也可以更好地充分利用。

(二)高校学生社区化管理取得的成效

实践表明，实施学生社区化管理不但可以较好地应对高校后勤社会化改革与教育教学改革给高校学生教育管理带来的新机遇、新挑战、新任务和新问题，而且使学生党建与思想教育工作的着力点更明确、体系更完善、育人机制更健全，对学生的教育管理成效也更明显。其主要作用表现在：

1. 能够增进各学校、各级组织与学生之间的交流和情感联系

近几年不断出现的学生与学校间的法律纠纷一度成为整个社会关心的热点问题，专家指出发生这些问题的一个很重要的原因是学生与学校之间缺乏必要的平等的交流与沟通，因此引发出学生、家长、社会与学校之间的诸多矛盾。而社区化管理改变了师生以前对社区化管理改革的消极认识及评价，通过政工人员和学生社区中的党团组织机构与心理咨询机构的工作，缩短了学生与组织间的空间距离和心理距离，进一步体现出思想教育应具备亲和力和感染力的特点，师生之间、学生与组织之间、学生与学校间的关系也更加自然和谐。

2. 服务和成才育人环境将更加优化

在以社区党总支为核心的管理体系中，综合利用好各种服务机构，加强统一指导，能为学生的成才提供一个更加完整、科学、有序的体系和空间，使社区的管理和服务更加快捷、完备。社区化管理可以科学整合各种资源，增强教育管理合力，在社区管理体制下诞生各种健全、富有活力的社团组织，为社区创造了丰富多彩的科技文化氛围，为学生素质的拓展提供了更加立体的空间，对学生个体知识结构的完善、个性和素质的培养发挥了积极作用。从管理和经营角度提出社区的统一管理思想和教育理念，为学生的成才和教育机构的育人提供了更加优化的内外环境，能够有效保证高校连续扩招后教育管理质量和学生素质的稳步提高。

3. 更加有利于贯彻“以人为本”的管理理念，更加优化育人效果

社区化管理营造出了以人文素质、健康成才教育等为主要内容的德育氛围。在这个氛围中，学生真正成为了学校服务的对象和主体，自始至终坚持把学生的成才放在第一位。如果要在整个教育过程中真正地贯穿这一主旨，就必须为学生的成长与发展提供良好的物质条件，在此基础上创造良好的“求知、求真”的学术氛围，营造出一种以人文素质、健康成才教育等为主要内容的道德文化育人氛围，给予学生一种积极的引导，使学生在良性德育氛围的感染熏陶下主动去锻炼、提高自己，最终培养学生良好的生存适应能力。

三、高校学生社区化管理的理性思考

(一)高校学生社区化管理面临着机遇和挑战

全面实施学生社区化管理已经迈出了我国高校学生思想教育工作中具有代表意义的一步,在国内各高校先后进行的各种形式的理论研讨和实践探索,解决了部分理论和操作问题。但是全国高校地域分布广,地域和办学特色不一,教育环境和教育条件参差不齐等因素决定了任何一种管理模式的完善都要经历一定的过程。社区化管理在实践探索过程中仍存在许多具体挑战,表现在以下几个方面。

第一,内部机构关系和运作方式尚欠科学和完善,构建并处理好教育、教学、招生就业三大平台之间的关系,需要进一步处理好社会化服务管理与教育教学管理之间的关系,科学分析和分配学生教育管理平台内部机构间的权重等。

第二,对实施学生社区化管理的后续问题重视程度和研究不够,前瞻性理论探索较少。例如,随着改革的进一步深化,政治、经济、社会、文化、教育等诸多方面将会出现许多新的变化,学生社区的管理如何适应这些变化?对这样的问题就缺乏研究。

第三,急需提升学生社区的价值,即使学生社区在学校机构设置、运行体制、社会效益、育人过程中体现出更大的效度和影响力。

第四,在跨省(市)大学城和同省(市)多所大学集聚的大学城,存在着学生社区管理不统一的问题。由此可能导致一些不稳定因素从管理的薄弱环节滋生,有可能酿成影响全局稳定的因素。

(二)优化高校学生社区化管理的对策

第一,借鉴国内外高校学生教育管理模式,不断加强实践探索和理论创新。传统的学生工作观念一直轻视寝室的育人功能,将寝室当作完全的物化性存在,因而在实际工作中只重视学生对生活环境的维护与保持,没有自觉地发挥学生寝室作为学校育人工作环境之一的应有作用。同时,由于工作视角单纯停留于单个寝室,而未能将以寝室为单位组成的学生社区纳入视野,我们也很少注意学生社区育人功能的发挥。再者如前文所说,学生社区不仅有区域概念,同时也具有育人功能，然而由于这一功能的隐性特征，我们未能加以准确地把握。以上种种观念观点误区导致我们未能认真地思考学生社区的作用，自然不会进一步去考虑如何建设好学生社区了。

在高校，学生的专业教育一般由各个教学系(院)来完成，学生的思想教育工作则由学校和学院具体的学生工作机构来完成，学生的物质生活需求由后勤部门来满足，而对学生进行未来生活训练，培养其成为遵守社区规范，具备相应社区意识的文明公民的教育任务却没有一个成型的组织来承担。这无疑是大学教育的一个疏漏，从这个角度讲，建立大学生社区，完善学生社区管理是完善高校育人职能，优化高校育人环境的必要举措，是当前高校学生工作迫切需要解决的问题之一。只有意识到了这一点，自觉地将学生社区建设纳入到学生管理工作中去，并给予其应有的地位，学生社区培养社区现代公民的育人功能才有实现的可能。因此，要加强理论建设和创新一定要贯彻开放办教育的理念，不断增强学习意识与开放观念，不断加强理论建设。高校学生社区化管理需要改革者的开放观念和博大胸怀，通过不断比较发现差距，促使在社区化管理的过程中自觉主动地探索理论，积极准备改革所需的条件。应提倡各高校之间的交流与合作，互促互进，在实践中不断积累宝贵经验，应夯实理论基础，加强理论建设创新，为高校学生社区化管理向纵深发展而共同努力。

第二，完善运行体系、解决机制问题是社区化管理的关键所在。机制是不可或缺的软件，建设好学生社区需完善三大机制，即学生社区运行机制、学生社区志愿者参与机制和学生社区的内部激励机制。

学生社区的运行机制是学生社区得以正常运转的前提。运用学生社区公共设施和相关权力，以满足服务需求为目标，不断提高服务质量，保持服务的功能成本，长期维持服务的再生产，这种周期性的进程状态即是学生社区的运行机制。这一机制本身说明学生社区组织的非营利性，或者说非营利性是学生社区行为的特征之一，是学生社区自我服务、自我调节功能的体现。不断地实现这一机制良性运转的关键是服务质量，服务质量同样也是确立学生社区形象的基础，是学生社区存在必要性的证明。

学生社区的志愿者参与机制是培育学生社区人文生态环境的深层次社会文化问题。在西方发达国家，社区的志愿行为是社区存在的基石。在学生社区中建立一支具备一定数量和质量的志愿者队伍不仅是一种管理现象，更是一种文化现象。事实上志愿者本身即是社区意识的内在有机组成部分，是社区成员积极参与社区事务的显性表现。在学生社区，志愿者的行为是建立一个以人为本，文明互助，共同参与的和谐学生社区的重要途径。

学生社区的内部激励机制是学生社区凝聚人心、发挥作用的保证，学生社区的非营利性能否像企业一样产生关注效率的动力呢？这是一个复杂的问题。其一，非营利性组织的动力主要在于获得居民的满意和社会的认可，这是一种深层次的心理需求。市场经济导致人们为利而动，在这种情况下，为他人和社区努力工作的人尤其会得到他人和社会的尊重。其二，个人运用社区职能，通过解决社区矛盾，进而解决个人问题，这是弥补个体力量薄弱无法对抗集团侵害的有效途径。一个发育良好的学生社区环境通过事务公开化、透明化，将工作者的各种努力、困难、成绩和失误显现出来，靠来自外部的反应去推动自己努力改进工作，从他人眼中看到自己的状态从而调整自己的行为，进而完善自我，即学生社区的内部激励机制。

第三，教育管理结构和“管”“教”关系的调整和平衡。学生社区建设是一项系统工程，必然需要对原有学生社区管理结构进行调整，科学处理教育和管理的职责权关系。首先必须结合高校实际对原有学生工作进行结构性调整，并建立健全相应的规章制度，要从根本上解决这些问题，还需要处理好管理载体、教育平台、育人方式等全方位的问题，头绪纷繁芜杂，加之无成型的经验可借鉴，面临的问题和难度都还较大。但以结构调整作为切入点，是一个比较可行的思路。

四、准确把握高校学生社区化管理的发展方向

随着高校社会化改革的不断深入，高校学生社区化管理应该向哪些方面发展是目前需要讨论的重点问题。学生社区应该成为培养德、智、体全面发展的“四有”人才及“管理育人、服务育人”的重要阵地，应该是影响大学生成长、成才的重要环境和学校精神文明建设的窗口。因此，高校学生社区化管理应该成为高校改革的重点，有些传统的管理模式已不能适应高校的发展，学生社区化管理势在必行。从高校社区化管理的发展方向看，不断完善学生社区的教育管理机制，积极探索学生社区管理的新思路、新办法，建立与传统的班级管理模式差距较大的新型大学生社区管理模式是今后发展的方向。

（一）智能化管理方向

管理智能化，就是借助信息技术手段，建设学生生活网络和社区管理服务网

络，用计算机等现代科学技术进行科学的管理和服务，体现高效管理，实施高效服务。将几幢学生宿舍形成的社区实行联网管理，学生进出公寓进行红外刷卡管理，减少管理人员，杜绝外来人员的进入；对社区内部的床位、电费、水费管理等都实行智能化管理系统；在此基础上增设学生社区BBS、公寓管理员信箱和住宿信息、电话号码、火车时刻、住宿费、超额水电费、卫生考评等网络查询功能，将现实世界、书本世界和虚拟世界有机结合，通过网络服务平台为学生提供更加方便快捷的生活网络服务。

学生社区的智能化管理就是建立智能社区，进行各方面的管理，促使管理模式的合理化、管理方法的科学化。智能化社区的建立，对学生公寓的安全管理，尤其将学生进出、消防报警、用电负载识别等上升到一个全新的层面。广泛运用计算机平台的自动化技术和智能化技术开展这些工作，可以大大提高管理效率、准确性、可靠性和安全性，还可以解决许多单靠人力不能解决的问题。通过实时微机管理，随时了解入住学生的基本情况和日常动态，形成服务方与学生之间的双向联系，形成社区管理信息的流通，推进管理科学化、智能化的进程。

（二）人性化管理趋势

人性化管理源自企业管理范畴，指以情服人来提高管理效率。通俗地讲，人性化管理的实质就在于充分尊重被管理者的自由和创造才能，从而使得被管理者愿意怀着满意或者是满足的心态以最佳的精神状态全身心地投入到工作当中去，进而直接提高管理效率。人性化的管理是情、理、法并重的管理，而不是放任管理。这种管理精神对高校的学生社区化管理同样适用。

人性化管理的核心是以人为本，充分相信学生的自我管理能力，尊重学生的权益，鼓励学生的自主和创新，不能把学生当作没有思想甚至没有自主能力的群体。高校学生社区化管理要实现人性化，管理者首先要看到每个学生身上的闪光点和个性，以亲和的态度去了解他们、关心他们、教育他们，进而管理他们。比如可以推进高校政工干部进入学生社区。学校选派优秀的学生工作干部进驻社区，与学生同吃、同住、同生活，社区老师经常深入寝室，了解学生的生活状况和思想动态，帮助学生解决实际困难，把解决学生的思想问题与解决实际问题密切结合起来。政工干部进社区，对转变政工干部的观念和学生的认识，加强学生与辅导员之间的沟通，拉近与学生的距离具有实效，能够真正做到使思想教育工作贴近学生学习、贴近学生生活、贴近学生心理，确保思想教育工作的有效开展。同时，社区管理者以身作则,也可以强化管理者的人格魅力。

(三)转变服务观念,构建服务型社区

所谓服务型社区,就是在几个公寓形成的智能小区内建立新型的现代化的学生社区,为学生提供社会化的服务经营管理,并且成为社区的主要管理内容。学生生活社区是学生的生活区域,按照学生社区的管理模式,采用社区化的管理服务办法,着重在为学生提供优质服务上下功夫,形成新型的服务型学生社区。新型的学生社区建立后,富余出来的管理人员全部投入到学生社区中,为学生提供全方位的服务。在社区内设立各类服务网点,设立小型的超市、书店、洗衣间等配套服务设施,使学生在社区内部就可以获得多种服务。在社区的网点内设立学生勤工助学点,为学生提供社会实践机会。

学生社区建立的同时,要有基本的学习生活设施,要健全社区生活指南,以各种文体活动为载体,加强学生社区的文化建设,全面推进学生素质的发展。在学生宿舍内外建造各类人文景观和张挂由学生自己设计制作的人生格言、警句、艺术作品等。在学生社区内设立学生阅览室、广播台、宣传橱窗、文体活动中心及由学生参与勤工俭学的超市、书报亭等勤工助学基地。还可以在各社区内举办各种学生自编自导自演的大型文艺晚会、音乐会,主办篮球赛、演讲比赛、寝室设计大赛等丰富多彩的文化娱乐活动,寓教于乐。通过这些活动的开展,提高社区的文化氛围,提升学生的综合素质,使得学生社区不仅成为学生学习的园地、生活的社区,还成为开展思想教育工作和培养学生成才的坚实阵地。

第二节　高校学生社会实践规范化管理创新

一、大学生社会实践的重要意义

(一)大学生社会实践的含义

高等学校对人才的培养途径是多种多样的,正确引导学生参加社会实践就是其中重要的一种。在早期的大学里,人才的培养主要是通过在课堂上系统地传授理论知识来达到的。随着社会生产力的不断提高和发展,对教育和人才培养也提

出了新的目标，这种仅仅靠传授理论知识的方式已渐渐显得不适应。因为现代化的生产过程不仅要求人才掌握大量的理论知识，而且还应该具有较强的动手和创造能力，具有科学的社会观和责任感，具有较高的道德素质和心理素质，这些方面仅仅靠课堂教学是难以完成的。所以，现代工业产生后，社会实践就作为一种重要的教育方式被引进大学的教育过程，其重要作用日益引起人们尤其是教育工作者的重视。

大学生社会实践是一种以实践的方式实现高等教育目标的教育形式，是高等学校学生有目的、有计划地深入现实社会，参与具体的生产劳动和社会生活，以了解社会、增长知识技能、养成正确的社会意识和人生观的活动过程。大学生社会实践是高等学校教育活动的重要环节，它与课堂教育相辅相成，共同完成高校的人才培养任务，实现学生的全面发展。

(二)大学生社会实践的重要意义

1. 大学生树立科学世界观的需要

世界观是人们对世界的一般看法和根本观点。任何正常的人在其生活的过程中都会形成自己的世界观，但由于个人生活环境、所受的教育和影响不同，人的世界观也有很大差异。总的来说，世界观有正确和错误之分，而将正确的世界观理论化、系统化就成为科学的世界观怎样保证大学生形成正确的世界观并使之科学化呢？主要靠两个方面的努力：一是大学生要经常与社会接触，不断突破事物的表面现象，深入事物的本质，从而不断校正原来从现象上获得的肤浅的或错误的认识，使自己的认识符合事物的本质及规律；二是要对大学生进行系统的思维训练，通过学习前人正确的世界观理论，了解人们在世界观上容易走上歧途的种种可能，让大学生对自己的世界观进行经常的反思，并不断地充实新的科学的内容。因而社会实践对大学生建立科学世界观很有必要。

(1)参加社会实践活动是大学生确立唯物主义历史观的需要

大学生正处于青年时代，可塑性很强，是世界观、社会历史观形成的关键阶段。大学生系统的专业知识学习和思维训练，对于形成唯物主义历史观固然是大有帮助的。但就目前情况看，在校大学生年龄普遍较小，接触社会的机会不多，社会经验不足，大部分同学对社会的看法简单化、片面化、理想化，这对大学生形成正确的历史观十分不利。克服这一不利的根本途径就是让大学生走出校门，深入社会生活，在社会实践中了解社会，从实践中发现真理，在实践中发展真理。这样，才能使他们的历史观与现实生活相符合。

当然，社会实践中接触的都是具体的社会事物，不可能通过一两次实践就改变了对社会历史的看法。不过，处在历史观形成过程中的大学生是容易发生变化的，一旦接触了较多的社会事物，加之正确的引导，就会使他们的历史观发生转变。我们知道，只从政治理论课上学习历史唯物论只能学到"知识"，而要使知识转化为信念，使所学的理论真正转化为学生的历史观，必须通过社会实践。

(2)参加社会实践活动是建立科学的人生价值观的需要

正如马克思主义哲学原理教科书中所指出的，"共产主义世界观和人生观又不是仅仅在书斋里、课堂上所能完全树立起来的，还要在生活实践中经受各种锤炼"。马克思、恩格斯的人生观转变不是在课堂上，而是在社会实践中，刘胡兰、王进喜、郑培民、任长霞等英雄人物的人生观也不是仅仅从书本上学到的，当代大学生的人生观形成也是如此。通过开展大学生社会实践活动，我们发现社会实践活动对大学生形成科学人生观至少有如下的作用：首先，它可以帮助大学生摒除理想中不符合实际的因素，使他们正确对待个人与社会的关系，培养踏踏实实的工作作风；其次，它可以帮助大学生树立坚强的意志，培养无私奉献的精神；最后，它可以帮助大学生接近群众，深入群众，为走与群众相结合的道路打下良好的基础。

(3)参加社会实践活动是培养社会主义信仰的需要

大学生在不久的将来，就会踏上工作岗位，成为祖国的栋梁之才，肩负起全面建设小康社会和实现中华民族伟大复兴的历史使命。因此，在当今西方敌对势力加紧实施"和平演变"的新形势下，培养大学生的社会主义信仰是大学生思想教育的首要任务。而对社会主义的感情仅靠读书是得不到的，必须通过对社会主义给中国带来的巨大变化、给广大人民带来的实惠中亲身感受和体验。

2. 提高大学生能力的需要

当代大学生在一定程度上存在着眼高手低、忽视社会实践、脱离群众、动手能力弱等不足，而积极踊跃地参加社会实践活动，有利于弥补大学生的这些不足。当代大学生绝大多数是在学校的围墙中长大的，而且越来越"小龄化"，大都走的是从小学到中学再跨入大学的升学之路，从而造成他们的社会阅历浅，社会经验少，实践经验匮乏等弱点。受片面追求升学率的思想影响，许多学生只注意书本，不注意社会实践，“高分低能”的状况比较严重。这严重影响了他们在各项建设事业中发挥作用，延缓了他们成才的进程。怎样才能缩短这一距离呢？实践是唯一桥梁。只有通过实践活动，才能使书本知识与实践操作合二为一。事实证明，通过开展社会调查、科技咨询、信息服务、义务劳动等社会实践活动，不仅可以使学生的智力资源得到直接、有效的开发，达到分数与能力的统一，书本知识与实践的结合，还可以使个性不同的学生通过实践活动各获所求，各取所需，“缺什么，补什么”，从而有效地完善了现行的教学方法，弥补了大学生自身的弱点和不足。

3. 知识分子与工农群众相结合的需要

回顾历史，凡是有所作为，有所创造的青年和知识分子无不投入到轰轰烈烈的社会实践中。许许多多的政治家、经济学家、教育家、军事家、文学家等都是在社会实践活动中茁壮成长起来的。他们在实践中身体力行，为我们提供了光辉的典范。所以，只有广泛、深入参加社会实践活动，和广大工农群众相结合，才是大学生健康成长之路。

二、大学生社会实践的发展趋势

（一）实践活动的社会化

大学生社会实践活动，作为教育活动的主要形式之一，具有三个基本的构成要素，即实践活动组织者、实践活动本体和实践活动主体。因而，实践活动的社会化，也由这三个构成要素的社会化来组成。而这三个构成要素的社会化，则分别有其不同的含义。实践组织者的社会化，是指动员全社会的力量来关心、组织大学生的社会实践活动，这是实践活动社会化的基本条件；实践本体的社会化，是指具体实践活动过程的内容与形式，必须以社会需要和社会所提供的条件为基础，这是实践活动社会化的重要途径；实践主体的社会化，是指通过实践活动，把社会的价值体系内化为实践参加者（大学生）的价值体系，使之成为高度合格的社会成员，这是实践活动社会化的根本目的。由此可见，实践活动的社会化，就是指动员全社会的力量，组织以社会需要和社会所提供的条件为基础的实践活动，达到把大学生培养成为高度合格的社会成员的目的。

1. 实践活动组织者的社会化

从近年大学生社会实践的实际情况来看，社会实践活动凡是得到社会各界支持的，一般都取得了较好的成绩。但从发展的角度来看，当前社会实践活动社会化的程度还远远适应不了进一步发展社会实践活动的要求。社会实践活动的深入开展必然会出现人数多、空间广、时间长、效率高、内容实的特征，而这些特征的出现，必然依赖于社会各方更多的支持。

实践活动必须得到党和政府的支持。党和政府对人才的培养具有不可推卸的责任，且在人才培养方面占据重要地位。大学生的社会实践活动，作为国家培养高层次人才的重要环节，必定会受到党和政府的关心和支持。实践活动必须得到高校自身的支持。高校作为教育培养大学生的责任承担者，具有最直接组织学生社会实践活动的优势，而组织学生社会实践活动，又是高校完成人才培养任务的重要手段。因此，高校在组织大学生社会实践的过程中，应积极地起到主导作用。实践活动必须取得社会团体和企事业单位的支持。通过社会团体来支持社会实践活动，才能调动更多的人来支持实践活动；企事业单位作为大学生未来的工作场所，具有作为社会实践活动基地的现实意义，而实践活动在企事业单位开展，又必须有企事业单位提供的种种便利条件。

2. 实践活动本体的社会化

实践活动本体是大学生有目的地与外界不断发展的现状发生联系，并相互作用的具体实践过程。这一过程是大学生不断强化自身本质力量，促进自身全方位社会化的重要途径。实践活动本体的社会化，正是指这一过程的内容和形式，必须以社会的需要和社会所提供的条件为基础。实践活动本体的社会化，应建立围绕教学的实践与其他方面的实践有机结合的理想目标模式。

围绕教学的实践主要包括教学实验和教学实习等。这是一种配合课堂教学而进行的实践活动，它直接与学生所学知识及自身具备的能力发生联系，是初级阶段运用最多、群众性最强的实践活动，也是学生进行其他方面高层次实验的能力准备环节。我们不应当过分追求其他方面的实践而忽视教学实验和教学实习。其他方面的实践包括社会考察、社会服务、勤工助学等。这是间接地与学生所学知识和自身具备的能力发生联系，也是学生围绕教学进行实践的成果检验。这些方面实践的主要形式有社会调研、参观访问、旅游观光、技术培训、咨询服务、社会宣传、科技开发、挂职锻炼等。由于这些方面的实践和社会联系得更紧密，一般较受学生的欢迎，但必须注意使之在时间、资金、人力上同围绕教学的实践互不干扰，在学校统一布置的基础上使两者达到和谐的统一。

3. 实践活动主体的社会化

实践活动主体的社会化，实际上要完成的是大学生社会化的加速，是要将大学生培养成为高素质的社会成员，是要通过社会实践使大学生更快地在社会中汲取社会能量和获得社会信息，并通过各方面的自我调适，增强自身的能力和素质，完成自身全方位的社会化。而促进实践主体的社会化，必须注意以下几个方面。

第一，实践主体自身系统应具有开放性。开放性系统要求大学生不能在自我封闭的状态下自我满足，而是必须同自身周围的实践环境进行物质、能量和信息的交换，并依靠这种交换保证自身由不稳定向相对稳定过渡。而这种开放性，不仅要求大学生有“当今天下，舍我其谁”的高度责任感，而且要求大学生必须具备敏锐的对外界事物接收、分析、处理和运用的能力，从而使自己在实践中不断得到发展和提高。

第二，实践主体应不断进行自身角色的调适。我们知道，大学生的实践角色与其社会期望角色之间，总有一定的角色差距。而大学生在实践过程中，由于自身是一个开放系统，就能够认识到这种差距并调整自己的学习和实践，从而使自己的角色得以实现，使自己大学阶段社会实践中的社会化任务得以完成。

第三，实践主体应促成自身个性的形成。个性化是社会化的一个高层次组成部分，社会化中如果没有个性化的存在，就会变成统一化和模式化，就只能造就墨守成规、死读书本的书斋先生，就会使人失去改造社会的生机和活力，失去创造性和开拓性。因此，大学生在社会实践中，应勇于思考、敢于发现、认真锻炼，促进自身个性的形成。

（二）实践制度的规范化

实践制度规范化的目的，是为了使社会实践活动做到有章可循、有据可依，保证社会实践活动持续有效地开展。它的标志是富有权威、系统全面、切实可行并具有自我发展机制的实践制度体系的建立。

1. 实践制度的规范化是社会实践活动发展的必然趋势

人的思想认识不能代替规章制度，没有完善的、系统的规章制度，不注意实践制度的规范化，只凭各级实践组织者的临时决策组织实践活动，决策正确，则可促进实践成果的取得；决策失误，往往会阻碍实践的深入。因此，要保证社会实践持续稳定的发展，必须改变人治局面，完善实践制度。当前加强实践制度的规范化工作，不仅非常迫切，而且非常必要。首先，加强实践制度的规范化工作，有利于促使全社会的力量来共同关心、组织大学生社会实践活动，形成全社会组织大学生社会实践活动的强大“合力”。其次，加强实践制度的规范化工作，有利于实践组织的科学化。

由于现实的实践基础已经存在，加强实践制度的规范化工作已成为可能。当前，各级党政群团组织、各个高校已开始了社会实践工作，不少企业也为实践活动的开展提供了资金、基地和其他各种方便，且近年来已制定了一些关于社会实践活动的规章制度，这些有利因素为强化实践制度的规范化奠定了较为坚实的基础。

2. 实践制度的规范化

实践制度的规范化不是制度的简单相加，而是要在各级实践组织者协同的基础上建立科学的实践制度体系。这个体系首先要求各级实践组织者正确地制定制度，同时要求制定的各种实践制度相互衔接，对于衔接不紧密的地方，应及时加以调整。

党和政府对实践制度的正确制定。在实践制度的制定方面，党和政府必须起到宏观统一管理制度制定的作用，要首先着眼于建立统一机构，实行统一规划，统一决策，统一目标，统一评价，促成社会实践活动的统一性、系统性、整体性、持续性，充分发挥社会各界的力量，保证社会实践发展的正确方向。同时党和政府作为核心的组织者，要协调各个单位部门之间的关系，激发各个单位部门的责任感和积极性。高校对实践制度的正确制定：首先，高校应将社会实践活动纳入学校教育、管理工作的体系中去，由相关职能部门组织落实；其次，将学生社会实践活动的表现及成绩作为全面考核大学生素质的重要内容；最后，要建立相应的制度，保证教师组织参与社会实践的积极性。社会团体和企事业单位对实践制度的正确制定。在众多支持社会实践活动的社会团体（如工会、共青团、青联、学联）中，共青团起着众所周知的主导作用。在制定制度的过程中,团组织要通过量的指标确立各级团组织的组织实践任务,并通过对岗位职责的定期考核和将考核结果作为团组织的工作评价内容,来激发各级团组织和团干部组织实践活动的责任感和积极性。大学生社会实践活动作为系统工程,要求各级实践组织者制定的实践制度必须协调一致,对于不能衔接的地方,应予以调整。各级实践组织者必须首先注意认真学习实践组织核心即党和政府所制定的实践制度,在了解统一规划、统一决策、统一目标的基础上,制定自己的实践制度,同时加强各方的沟通和联系。

3. 实践制度规范化的标志是实践制度体系的建立

在各级实践组织者对实践制度正确制定和共同协调的基础上,实践制度必然逐渐趋于规范化,而实践制度达到规范化的标志,是富有权威、系统全面、切实可行并具有自我发展机制的实践制度体系的确立。如果能够建立起具备这样特征的实践制度体系,就标志着实践制度已达到了规范化的程度。

(三)实践组织的科学化

1. 实践目标设定和方案优选的科学化

实践目标设定和方案优选实际上是实践活动的设计过程,它将确立的是整个实践活动的蓝图和指南,因而也是整个实践系统工程释放最大量最优化工程的基础环节。要使实践目标设定和方案优选科学化,就必须做到以下几点:第一,实践目标设定基本科学。所谓实践目标设定基本科学,应包括三方面的内容:第一是要求实践目标的切实性,即实践目标的设定决不是组织者一时意志冲动的结果,而是在对社会、学校、个人三方面要求深入调查的基础上做出的,通过努力可以达到的;第二是要求实践目标的层次性,这个目标又包括两个层次:①总体目标,即培养社会主义事业的接班人。②具体目标,它既是总体目标的具体化,又是总体目标的分解,规定具体实践活动所要完成的任务;第三是要求实践目标的发展性。由于教育活动周期较长的特有规律,实践目标的设定不仅要以现实为基础,还要以未来对人才需求的趋向为依据。第二,实践方案优选基本科学。实践方案优选的好坏,不仅关系着活动目标能否完成,而且决定着整个实践能否成功。一般来说,实践方案优选:首先,需要遵循方案设计的广泛性原则,即要从多方面,多角度设定方案。其次,实践方案优选还要遵循方案选择的民主性原则,即优选方案应征求实践组织者、实践参加者的意见。最后,实践方案优选需要遵循方案确定的最优化原则,即优选方案必须考虑到活动时期社会的需求,参与实践者的客观条件与主观性限制等。

2. 实践方案实施的科学化

实践方案实施的科学化,就是要尽量减少方案实施的阻力,以更好完成已设定的实践目标。因此,要求实践组织者在实践活动本体运行前,必须注重实践客观条件的准备和实践主体的调适,像资金的落实到位,实践基础的准备情况,实践指导老师的确定等;在实践活动本体运行中,必须注意对反馈信息的收集、整理、分析,并在此基础上对实践方案、实践活动本体、实践活动主体进行调控。

3. 实践成果总结的科学化

要达到社会实践培养社会化大学生的目的,就必须认真做好总结、消化、吸收工作,从而进一步深化社会实践的成果。

加强社会实践活动各环节、各方面的考核。一要考核大学生在实践中的表现,包括参加社会实践的时间长短、态度好坏、所在单位的评价;二要考核大学生实践的收获,着重看学生认识国情、了解社会、认识自己的思想觉悟的提高和知识、智力、技能的提高;三要考核调查报告、心得体会的写作质量,同时,上级组织者还要考核下级组织者各方面的组织情况。

扩大成果,将单个的社会实践成果转化为大学生共同的精神财富。要举办社会实践心得交流会,让学生谈体会,交流实践感受;要举办实践成果展览,让更多人受到启迪教育;要举办跨校成果评比交流,让实践成果在不同高校间流通。

升华思想,把感性认识上升到理性认识。要重点抓大学生对坚持社会主义道路、树立为人民服务人生观、走与工农相结合道路重要性的认识;要重点抓大学生对艰苦奋斗重要性、改革开放重要性、解放思想重要性的认识。

在实践中体会和总结组织理论,并运用理论进一步指导社会实践各级实践组织者要通过实践组织理论的研讨、交流,进一步深化社会实践管理经验,使社会实践在广度、高度、深度上进一步发展,更好地为培养社会化大学生服务。

三、大学生社会实践的实施

(一)大学生社会实践的形式

1.参观型社会实践活动

这种社会实践活动通常是组织学生到风景名胜、工厂参观考察、座谈了解，虽然对学生能起到一定的教育作用，但与现在的公款旅游有些类似，除了增进学生之间的友谊，加深学生对祖国大好河山的了解以外，能真正达到受教育的目的的可能较少。于是学校就把这种社会实践活动作为对优秀学生或学生干部的奖励，组织少量学生参加，但花钱较多取得的效益却不多。

2.活动型社会实践活动

这种社会实践以文化、科技、卫生三下乡为主，通常做法是学校与某地联合，在某地以学校为主，组织一台甚至几台文艺演出，动员群众前来观看，或组织大型的科技咨询、文化宣传、医疗服务活动，场面宏大，气氛热烈，影响也较大，但投入多，组织复杂，参与学生也不是很多。目前这种社会实践活动已成为学生社会实践活动的主要形式，但值得改进。

3.生产型社会实践活动

这种社会实践以高年级学生、研究生、博士生参加为主，他们参加生产活动的某一环节，成为其中的一员。一方面，既利用自己已有的知识促进生产的发展，另一方面，又在实践中学到了书本上没有的知识，相得益彰。这种社会实践活动花钱不多，但效果实在，达到了帮忙不添乱的目的，有较强的生命力。

4.课题型社会实践活动

学校以老师牵头，各相关年级学生参加，组成课题小组，承担政府或企业的课题，通过广泛深入的调查宣传活动，对课题进行攻关。这种社会实践活动学生参加的积极性比较高，而且能得到一定的社会资金支持，也能长期开展下去。

5. 挂职型社会实践活动

这种社会实践活动主要是以组织的形式到机关、社区、乡村挂任各种职务的助理，做一些社会工作。这种社会实践活动受到机关、社区、乡村的欢迎，但目前参加的人数较少。

6. 学生自发型社会实践活动

学生在假期，通过参加社会招聘活动、上门自荐活动等形式，参加到各种社会生产活动中去，除体验社会生活活动的酸甜苦辣外，还能利用自己所长，在为社会服务的同时，取得一定的报酬，补贴学习或生活所需。这种社会实践活动除参加的学生较多外，学校支出也不是很大，应该进行鼓励。

7. 互动型社会实践活动

这类实践活动的参与者既有大学生（含大学生党员），又有城乡基层的市民、农民（含党员）。在活动中，他们互为参照对象，通过相互学习、相互帮助，不仅双方共同获得进步，同时也促进了社会主义物质文明、精神文明、政治文明建设。

（二）大学生社会实践的内容与方法

1. 社会调查

深入城镇、乡村，开展社会调查、考察；深入城乡各地、部队、科研院所、企事业单位开展社会考察和社会调查活动，从而引导学生了解社会、了解国情，同时对社会和企业的发展献计献策。社会调查和考察的直接目的是了解社会的实际情况，认识社会现象的本质及其发展的客观规律，是一种搜集和处理社会信息的方法，在现代社会具有越来越重要的作用。当前，大学生社会调查逐渐向专题化、重效益、重应用方向转化。社会调查的内容很多，例如，可通过走访工农群众、干部、军人、知识分子等，开展对社会现状的调查；也可通过了解城乡经济发展现状，开展国情民情考察；也可通过了解科技对经济和社会发展的影响，开展依靠科技进步及科学管理发展经济的专题调查等。并且社会调查方式也比较灵活，有文献调查法、访问调查法、问卷调查法等。

2. 科技服务活动

科技服务活动面向经济建设主战场，面向城镇社区、县乡的中小型企业、乡镇企业，结合所学专业，发挥技术特长，在教师的指导下开展科技攻关、工程设计、科技成果推广、科技咨询和技术服务等活动，使科学技术为现实生产服务。

3. 文化服务活动

深入城镇社区和贫困乡村，开展文化培训、科普讲座、法律宣传和咨询活动，服务社区和乡村的两个文明建设。

4. 公益劳动和文明共建活动

包括校内公益劳动，校外社区服务活动，与企事业单位、部队、科研院所、乡村、居民委员会等单位开展其他形式的文明共建活动。

5. 互动活动

大学生党员与城市社区党员、农村基层党员、企事业单位党员在建立党的先进性教育长效机制中的互动活动。

6. 信息服务

信息服务是指通过一定的途径把人才、工农业、科学技术及社会生活等方面的信息资源的开发利用情况提供给被服务单位，并把被服务单位的信息传递出去，以期取得一定的人才效益、社会效益和经济效益。大学生通过在校的学习，掌握了一定的专业知识，可以通过开展信息服务把信息资源的开发过程及成果传播到各个领域，进一步加以利用，在信息资源的开发与利用之间架起一座桥梁。

7. 勤工助学

勤工助学对学生个人和国家都有重要的意义，对个人，它有助于学生个人的成长和成才；对国家，它有助于国家高科技人才的培养，有助于国家教育制度的改革和教育的不断发展。在假期，通过做兼职教师、推销员、打字员、秘书、酒店服务员等工作，一方面可以在一定程度上解决贫困生的经济问题；另一方面也是高校开展社会实践活动、培养学生自立自强精神的有机组成部分。

8. 教学实习

教学实习是教学计划内的社会实践，是在教学计划规定的时间内进行的，要求每个学生必须参加并取得学分，是实现专业培养目标、保证人才培养质量的必修课。教学实习，包括认识实习、生产实习、毕业实习等，是理、工、农、医等专业大学生社会实践的主要形式，是把生产劳动引入教学，对大学生进行思想教育、职业道德教育、专业教学和职业训练的基本环节。

四、大学生社会实践的制度建设与创新探索

（一）大学生社会实践的制度化建设

1. 社会实践活动领导小组制度

学校应成立由分管学生工作的党政领导和教务、科研、总务、学生处、团委等部分单位组成的学生社会实践活动领导小组，负责对全校社会实践活动进行统筹安排，制订计划，组织落实，各院、系、部成立由分管学生工作的党总支副书记、副主任、团总支书记与辅导室主任等参加的社会实践领导小组，负责本系学生社会实践活动计划的制订与实施。同时，也可吸收校外人士，如地方政府负责人，地市团委及企业负责人共同组成社会实践活动领导小组，建立友好关系，以便于高校社会实践在地方、企业的顺利开展。

2. 完善两种不同类型的社会实践基地建设制度

随着大学生社会实践活动不断走向成熟，社会实践基地建设制度也成为了一种趋势，相对于实践初期的分散、随机活动，基地活动可以有长远的计划，为培养人才制定完备的方案。同时，也有利于基地方与校方建立长期互惠关系，使社会实践在双方自愿的基础上健康发展。社会实践基地制度建设包括两方面的内容：一是为教学研究服务的社会实践基地的制度建设。这类基地建设包括城市工商企业、农业生产单位等。二是思想教育和党建社会实践基地的制度建设。这类基地包括城市社区、农村基层组织、各类爱国主义教育基地。

3.实行两种不同类型社会实践离不开指导教师队伍建设制度

开展大学生社会实践活动的经验证明，实践活动要取得成效离不开教师的积极参与，因此，必须建立社会实践指导教师制度。两种不同的社会实践需要不同的指导教师，为教学研究服务的社会实践由专业教师或相关专业的技术人员作指导教师；思想教育类的社会实践，由政治辅导员、政治理论教师或校外政工干部作指导教师。借助指导教师在人格、理论、知识、专业上的优势，增强社会实践的生命力，完成在实践过程中全方位育人的功能。制定社会实践指导教师制度一般要考虑以下因素：一是基地的性质（教学研究服务的社会实践基地与思想教育的社会实践基地，两种不同的社会实践基地对教师的要求有所不同）；二是学校的有关政策；三是教师的地位和作用；四是实践过程中的组织领导；五是纪律要求；六是地点的选择和安排；七是职称评审和职务晋升；八是工作量的计算。当然要注意与由学校相关职能部门及分管学校领导组成的领导小组协调进行。

（二）大学生社会实践的新探索

新的时代不仅对大学生有了新的要求，同时赋予了大学生社会实践新的任务，要适应时代，就必须实现大学生社会实践理念上的更新。第一，将大学生社会实践与建设社会主义新农村的需要结合起来。大学生是掌握着一定基础知识和专业知识的青年知识分子，他们的参与，无疑会有效地促进社会主义新农村的建设。另外，大学生加入到社会主义新农村的建设中，又会给他们的专业知识提供用武之地，使他们的实际能力得到提高。将大学生的社会实践与建设社会主义新农村的需要结合起来，意味着我们对大学生的社会实践在观念上要有一个更新或变革，即要从过去单方面地将大学生作为社会实践的受动者，通过社会实践提高工作能力，培养良好的思想品德，转变为大学生既是社会实践的受动者，又是社会实践的“授动者”。

大学生作为科技知识和精神文明的载体在实践中去建设社会主义新农村。第二，将大学生社会实践与城市社区精神文明与政治文明建设的需要结合起来。当我们将大学生既看作社会实践的受动者又视为社会实践的“授动者”时，就应充分利用大学生这一科技知识和精神文明的载体，将其运用到变革社会的活动中去。将大学生的社会实践与城市社区的精神文明和政治文明建设的需要结合起来，持久、稳定而有效地开展社会实践教育活动，使大学生在促进城市社区精神文明与政治文明的社会实践中，自身也得到提高和锻炼。在这类社会实践活动中，大学生可以将高校思想教育理论课中所学习到的内容应用于实践活动中，既能将知识活用，又能深化理论认识，同时还可以通过自身努力，促使社会变革，成为推动社会文明进步的重要力量。

第三节　大学生宿舍管理探索实践

一、大学生宿舍的地位和作用

大学生宿舍是大学生日常生活与学习的重要场所，是培养和锻炼大学生自我管理、自我教育、自我服务能力，有效地开展大学生的思想教育工作的重要阵地。因此，大学生宿舍的管理是高校管理中的重要组成部分，是观察学校整体管理水平的一个窗口，务必高度重视。

（一）大学生宿舍在学生生活中的地位

学生宿舍是学生日常活动的主要场所，在大学生活中具有重要地位。扩招后，高校的办学资源改善步伐相对滞后，教室、阅览室比较紧张，其他文化、体育、娱乐活动相对不足，学生的课余时间很大一部分是在学生宿舍度过的。学生宿舍的设施是否完备、安全，环境是否整洁、优雅、舒适，服务是否周到，生活氛围是否和谐，社区文化活动是否丰富多彩，管理是否科学、规范，将直接关系到学生的日常生活质量，影响到学生生理、心理的健康成长和良好行为习惯的养成。因而，加强宿舍建设对学生的日常生活至关重要。

（二）学生宿舍在学生教育管理中的重要作用

1. 学生宿舍对学生树立正确的人生观、价值观具有重要影响

学生宿舍不只是单纯意义上的休息场所，而是一个重要的育人园地。来自不同地区有着不同家庭背景和生活习惯的学生，构成了宿舍的人文环境，这是学生情感和思想比较自然、真实流露的地方。学生在宿舍里交往必将对各自的思想情感产生影响，在他们的交往中，或探讨人生、憧憬未来，或交流学习、谈古论今，必

会有各式各样的社会思潮、信息观点等方面的交汇，并由此产生互动影响。所以，必须正确地把握学生宿舍里的思想动态，及时地给予正确启迪和引导，并通过多种方式和渠道，积极开展教育活动，引导学生明确方向，明辨是非，树立科学的世界观、人生观和价值观。

2. 学生宿舍是思想教育和科学管理的结合点

学生宿舍作为学生在校生活的集中场所，在学生的基本道德修养、学校的教育培养目标完成方面起着重要的作用。学生在宿舍中的表现，往往与社会对人才培养的要求，与学校教育管理目标相联系。就当前大学生的精神与学习生活而言，主要存在以下一些倾向：①在学生的自我意识、个人价值观念方面，比较注重追求与大学教育层次相适应的知识结构和文化娱乐，而忽视从社会的需要出发来完善自己；②对一些水平高、影响大的活动感兴趣，也喜欢对一些深层次的社会现象、个人价值观念进行探讨，但却忽视个人劳动观念、清洁卫生习惯的养成和自我教育、自我管理、自我服务意识的培养；③在宿舍建设中，比较注重为自己营造一个安乐窝，而不能与整个宿舍的管理保持协调一致；④在宿舍人际关系方面，注重自我个性发展完善，而忽视宿舍作为一个整体应加以完善和提高；⑤同学之间交往密切，言谈举止不拘小节，学校的一些管理规章制度在宿舍成员的相互默认中得不到严格的贯彻执行，甚至有些消极的东西，如学习风气淡漠，组织纪律涣散，轻视劳动，不服从管理，挖苦先进、标榜落后等反常现象，也时有发生。

因此，学生宿舍是培养学生良好的道德行为规范，实现其德、智、体、美全面发展和实施学校教育科学管理目标的一个结合点。通过学生宿舍这个点，可以把深入细致的思想教育工作与严格的科学管理有机结合起来，深入实际地了解学生的所想、所感、所为，真正地把握学生的思想动向。

3. 学生宿舍是展示校风学风建设的窗口

一所高校的校风学风如何，不仅反映在教室、图书馆、实验室里，同时也反映在学生宿舍里。因为学生的学习态度、劳动观念、组织纪律观念、集体观念在许多情况下都反映在占他生活时间三分之一以上的寝室里面。正因为如此，学校要协调学生思想教育与管理、后勤服务、安全保卫等各方面的力量，积极探索学生宿舍中学校教育、管理、服务工作的结合点，加强学生宿舍的管理服务和思想疏导工作，既为学生创造一个宁静整齐、文明清洁的环境，也是消除学生因受其他不良影响而产生的抵触情绪的一项有力措施。针对此特点，宿舍管理必须从管理育人、服务育人出发，努力挖掘潜力，积极改善住宿生活条件，把学生视为服务的对象，让学生得到应有的尊重和关心，这是维护学校稳定的重要举措，也是创建良好校风、学风的前提，对学生的全面发展、成长成才十分关键。

二、大学生宿舍管理的体制及模式

(一)大学生宿舍管理体制概念

管理“就是在特定的环境下，对组织所拥有的资源进行有效的计划、组织、领导和控制，以便达成既定的组织目标过程”。管理不仅为实现组织目标服务，同时它还要运用组织中的各种资源来实现目标。管理工作的过程是由一系列相互关联、连续进行的活动所构成的，也是在一定环境与条件下进行的，所以，管理工作离不开特定的政治、经济、文化环境和条件，离开了特定的物质和政治文化条件来空谈管理，是不可能产生管理效果的。所谓体制，是指“国家机关、企业、事业单位等的组织制度”。

我国的大学生宿舍管理体制，是指在中国特色社会主义市场经济体制的现行教育体制和办学模式下，为了实现高校学生宿舍的科学管理，为学生提供良好的生活、学习环境，通过对学生实施教育、管理、服务，实现育人目的而设立的学生宿舍管理机构，在宿舍管理过程中，明确学生工作部门、后勤服务(物业管理)部门、安全保卫部门、学生政治辅导员、宿舍管理人员之间的职责和权限的划分及学生宿舍管理的有关规章制度、管理决策程序等。

(二)大学生宿舍管理体制的类型

随着我国改革逐步深化，尤其是高校后勤社会化的推进，学生宿舍管理体制也在不断地发展变化。就目前而言，高校学生宿舍的管理体制主要有以下几种类型。

1. 行政管理体制

这种学生宿舍管理体制由后勤部门为学生提供住宿条件，学校用行政方法集权领导，分散管理，管理方式、收费标准等都由学校领导决定。在管理过程中，学生工作部门、安全保卫部门、后勤服务部门按具体的分工各负其责。

2.学生自我管理体制

学生自我管理体制是人本管理在高校学生管理体制中的具化。人本管理思想是针对20世纪初泰勒的科学管理过于强调对一切作业活动的计量定额,强调严格的操作程序,而忽视了对人的管理而提出的一种人性化管理。人本管理在知识经济时代的立足点与核心是人的知识、能力的提高和创造力的培养,它要求管理者始终坚持以人为本的观念,建立起让每一位成员都有机会施展才能的激励机制,努力营造尊重、和谐、愉快、进取的气氛,激发人们参与管理的热情、想象力和创造力。具化到学生管理体制上,就是学生自我管理体制。学生自我管理体制通过从住宿学生中公开选聘学生宿舍管理机构的工作人员,从事管理、服务工作,从而制定相应的学生宿舍管理制度、条例、工作程序、考核及奖励办法。同时,成立学生宿舍民主管理委员会,制定民主管理制度,使民主管理委员会的民主职权与学生宿舍管理机构履行的管理职能同步,相互制约,以提高学生宿舍管理水平。学校为学生住宿提供必要条件,配备相应的设施、设备,为有效地开展学生宿舍管理工作创造条件,授予职权,给予指导,积极理顺关系,做好服务工作。学生自我管理的形式有两种:一是学生宿舍完全由学生负责经营,自我管理、自我教育、自我服务,学校给予支持、指导。深圳大学、华侨大学就是这种形式。二是学生宿舍管理由学校提供支持、帮助,保证学生宿舍管理服务正常运行的同时,学生实行自我管理、自我服务。

三、大学生宿舍管理的内容与方法

(一)大学生宿舍管理的内容

高校学生宿舍管理具有服务、管理、育人三个主要功能。从宿舍管理的功能就可以明白学生宿舍管理应包括宿舍内务及卫生管理、宿舍区的治安管理、宿舍纪律与秩序、宿舍设施管理、宿舍水电气管理、宿舍电视及网络的管理等方面的内容。

(二)大学生宿舍管理的方法

1.行政方法

行政方法是学校根据学生宿舍管理工作需要,设立专门的管理机构配备相应的管理人员，根据学校的校规校纪和学生宿舍管理制度、条例等，通过学生宿舍管理人员、服务人员及学生干部，用强制性行政命令、规定，直接对住宿学生进行宣传教育，增强住宿学生执行规章、制度、规范的自觉性，使宿舍管理有章可循，依法办事。行政方法是高校学生宿舍管理普遍采用的方法。为了提高学生宿舍管理行政方法的有效性，应科学运用相应的管理方式。

2. 经济方法

经济方法是经济组织利用物质利益来影响所属人员行为并使之与组织目标相一致的一种管理方法。随着教育体制改革的深化，学生宿舍管理应加强高校经济核算，提高教育投资效益，对学生适当采用经济方法进行管理，如对学生收取学杂费、住宿管理费等，同时变助学金为奖学金、贷学金。入学时学生先交费后注册，不交费或严重违反宿舍管理规定的，学校不准其在学生宿舍住宿；将住宿学生在公寓的表现作为道德操行，实施考评德育分与评奖学金挂钩；在宿舍日常管理中，核定水、电用量，超指标加价收费，减少水、电浪费；为防止损坏公物，学生住宿时每人交一定数额的押金，损坏公物扣款赔偿等都是宿舍的经济管理方法。

总之，适当运用经济方法有利于完善学校及学生宿舍管理职能。但经济方法不是万能的，作为国家主管主办的高等学校，不能过分强调以经济制裁为手段进行宿舍管理。对学生的收费要适度，对损坏公物要酌情赔偿，对违反规定的处理要合情合理，严格控制，避免处理过当。

四、大学生宿舍管理艺术的探索

（一）激励学生参与宿舍管理的艺术

根据管理心理学的参与和认同理论，吸收学生以不同形式参与学生宿舍的管理与服务工作，对于推动学生宿舍管理工作，改善宿舍气氛有积极作用。因此，既要积极支持学生参与管理，又要善于增强参与管理行为的有效性，适时解决参与管理过程中的问题。

1. 激发学生参与公寓管理的热情

大学生有旺盛的精力，有丰富的知识和一定的组织管理能力，学生宿舍管理部门应积极吸收学生代表参与学生宿舍的管理，激发学生形成学生宿舍管理的内在动力。但学生参与宿舍管理，往往无长期观点，对自己关心的或符合自己愿望的工作比较热心，管理人员要认真选择合适人选，予以信任，凡符合教育目的又可办的事，可以鼓励他们大胆实践，取得成绩后要充分肯定，以使他们树立信心。同时，要帮助参加宿舍管理的学生做好有可能出现错误和失败的心理准备，使其坚韧不拔，努力克服困难，与学生宿舍管理人员、服务人员一起，共同搞好学生管理工作。

2.适度的期望值

学生参与管理、参与服务是民主管理的有效形式，是学生参加社会实践和提高组织管理能力的机会，也是学生实现自我管理、自我服务、自我教育的有效途径。但学生的主要任务是学习，他们有以此为中心而养成的生活规律性。因此，对学生参与管理能实现的目标的期望值要恰如其分，期望值过高，容易产生消极、失望，甚至对立情绪。对学生承接的任务，要留有余地，在学生考试或大型集体活动期间，要有应急措施。

3.定期轮换

学生一般对自身评价偏高，把学生宿舍日常管理工作看得过于简单。学生对管理工作感到新鲜，都想按自己的想法做出决定，但缺乏持久性，特别是遇到阻力，遭到失败时，会突然提出不干了而单方面解除合同。根据此特点，学生参加某一岗位服务或同一种管理工作，一般以一个学期，最长不超过一学年为宜，对少数学习成绩优秀或家庭经济困难，又踏实负责，本人愿意的学生也可让他们较长时间干下去。

4.树立权威，适当授权

吸收学生参与管理，就要帮助他们树立权威，适当授予职权。凡决定组织学生开展有益活动的事，只要不违反学生宿舍管理条例，在职权允许范围内，可以由参与管理的学生做出决策。对管理过程中发生的问题，领导人、管理人员应主动承担责任，不推诿、不埋怨，要耐心帮助、指导学生，并把管理过程作为重要的育人过程，对取得的成绩、荣誉，管理人员不要贪功，应由参与管理的学生去领取荣誉。对此，领导者、管理者要有自我约束力，授权要适度，学生毕竟是受教育者，要避免造成凡有关学生宿舍管理方面的事，都必须有学生参加才能决策或决策才有效的错觉。

（二）解决住宿学生矛盾的艺术

人与人之间存在差异和矛盾。学生政治辅导员、宿舍管理人员、服务人员与住宿学生之间，由于认识差异、看问题的角度不同和利益不同，形成对某一问题、某一决策看法不同而产生矛盾，这是客观的、不可避免的。对于领导者和学生宿舍管理人员，如何根据唯物辩证法及教育学、管理学、心理学、行为科学等理论，运用管理艺术，协调解决住宿学生矛盾。政治辅导员、宿舍管理人员、服务人员及学生之间在认识和利益上的分歧，妥善处理各种矛盾，解决争执，对加强学生宿舍管理，治理教学教育环境，稳定教学秩序，有积极作用。

第四节　高校学生奖惩制度创新

奖励与惩处，是管理者实施管理行为、实现管理目标的重要方法和手段之一。奖惩制度是高校学生管理制度体系的重要组成部分，是高校坚持社会主义办学方向、促进学生成长和成才的重要手段之一。高校学生奖惩制度，对大学生在校期间的思想、行为导向有着直接的影响。可以说，高校制定的学生奖惩制度，在很大程度上反映和表明了学校提倡什么、反对什么，具有明确的指向性和导向性。因此，在严格遵循国家法律、法规及教育行政主管部门要求的前提下规划、制定、执行好学生奖惩管理制度，对于激励学生成长、成才，把学生的思想和言行约束在社会、国家、学校及大学生群体允许的范围之内，具有十分重要的现实意义。

一、正确把握大学生奖惩制度创新的几个基本理论问题

在创新高校学生奖惩制度时，我们必须首先正确把握奖惩的基本概念、奖惩的原则及奖惩的功能等几个基本理论问题。

（一）奖惩的基本概念

1. 关于奖惩的释义

关于奖惩，在不同的背景和用处下有不同的解释。我们认为“高校学生奖惩

制度”所指的“奖惩”，主要包括两个方面的内容：一是奖励，二是惩处。高校学生奖惩制度制定的依据是高等教育法、普通高等院校学生管理规定等一系列法律、法规，它不同于一般意义上的企事业单位根据自身发展需要制定的内部管理规定。“惩处”作为法律术语，用于解释高校依法规制定的管理规定更严谨、更具科学性。

2.奖励与惩处

奖励，就是通过利用外部诱因，从正面肯定人的思想、行为中的积极因素，以达到调动人的积极性和创造性的目的。惩处，则是从反面否定人的思想、行为中的消极因素，根据不良行为的情节轻重和纪律规定给予教育或处理，以达到明辨是非，纠正错误，促进转化的目的。

3.奖惩激励

所谓奖惩激励，就是通过奖励和惩处的手段来调动人的积极性或限制其错误行为。从管理学的角度看，奖励与惩处的目的均在于激励被管理者在特定群体、特定组织系统中发挥积极作用，为完成群体所在组织的共同目标做出良好的成绩。通过正激励与负激励，影响人们的内在需要与动机，从而强化、引导或改变人们行为的反复过程。

高校学生奖惩激励，是指通过奖励和惩处这两个外部条件来调节、规范和促进大学生在思想、言论和行为上按照党的教育方针、高校学生管理规定和大学生行为准则等去实践。

4.奖惩制度

高校学生奖惩制度，是指为实施奖惩激励，由教育管理部门或高等学校通过一定的程序而制定的一系列规章、条例等，从高校学生奖惩制度调节的范畴看，高校学生奖惩制度所调节的是高校这一特定法人与作为受教育者的公民之间的关系。在这个意义上，我们认为，用“惩处”这一法律术语比用“惩诫”这一行政术语来解释“高校学生奖惩制度”中的“惩”更为合适。

（二）高校学生奖惩激励的功能

高校学生奖惩的主要功能包括以下四个方面。

1. 导向功能

奖惩系统的一系列条文规章，既是学生在校学习生活的行为规范，又是高校办学指导方针、办学任务目标、人才培养规格要求的具体体现。因此，无论是组织学习和宣传奖惩条例，还是实施奖惩管理的过程，都鲜明地表达了我们鼓励和倡导什么，反对和制约什么，给学生指明了明确的努力目标和方向，提出了应注意克服和避免的薄弱环节，对学生群体的思想观念和行为习惯有重要的导向性作用。

2. 管理功能

奖惩制度作为大学生管理系统的规章制度之一，是对大学生的学习求知、社区生活、文化娱乐、素质发展等进行能动管理的重要依据。奖惩工作能否紧紧围绕育人目标有效开展，直接影响到正常校园秩序的维护，良好育人环境氛围的营造，积极向上校风学风的建设等。

3. 教育功能

对学生实施奖惩的过程，既是管理的过程，更是教育的过程。奖是为了鼓励先进，促使学生先进更先进，后进学先进，更多的人一起进步；惩是为了鞭策后进，促成其转化提高，所以对奖惩过程中的每一件事和每一个环节，都应进行认真、负责、民主和实事求是的调查分析。对奖惩对象进行深入细致的思想教育，才能使这种目标化管理的标准和水平不断上升，使奖惩对象处于不断的进步过程中。大学生虽然年龄相近，有相似的成长经历和思维方式，但由于成长的环境和成长过程不尽相同，从而形成了思想观念、心理状况、人格特征的差异性，兴趣爱好的广泛性，知识水平和言行修养的层次性。“榜样是无声的号角”“以人为镜，可明得失”，奖惩工作的开展，树立了正反两方面的典型，因而使每个学生都可从别人的举止中得到启发，进行自我剖析与对照，扬长避短，在自我比照中日臻完善。

二、创新高校学生奖惩制度应处理好的几个关系

高校学生管理制度创新是一个庞大、复杂的系统工程。在构建和谐社会，强调依法治校，倡导以人为本的现代社会，创新高校学生管理制度首先要正确处理好以下四个方面的关系。

(一)正确处理法治介入与大学独立和自治之间的关系

大多数法学学者对高校学生管理法治介入持一种积极与肯定的态度,但学术界对此观点存在不同的声音,即:担心外部权力借此机会,以司法的名义干涉大学的独立,对学术自由与独立产生某种不良的影响。这种担心或反对,所要表达的实质就是如何正确处理法治介入与大学独立和学术自治这一对矛盾。换言之,就是高校学生管理工作在法治介入下如何区别对待行政权力和学术权力的问题。

不可否认,在教育、科研领域,暨今是在学术事务和学术管理活动较多的高等教育领域中,存在着学术权力与行政权力并存的现象。在高校组织内部,既有以校长为首的行政权力,又有以著名专家学者群为代表的学术权力。例如,在学校、教师与学生的关系中,教师根据什么来判定学生的成绩?这个成绩很可能关系到学生能否毕业,关系到学生受教育的权利能否进一步实现以至影响学生的生存权与发展权。学位答辩委员会又根据什么来判定一篇论文能否获得通过?而通过与否,又直接关系到答辩人能否获得学位,同样关系到其受教育权利的实现及其未来的生存与发展。在学校与教师的关系中,评定教师职称或导师资格的组织根据什么来判定一名教师的学术水平?显然,以学术为背景的支配与被支配、控制与被控制的现象是普遍的,权力作为一种职责范围内的支配力量,在有关学术评价的问题上是客观存在的。正如克拉克教授所言:"专业的和学者的专门知识是一种至关重要的独特的权力形式,它授予某些人以某种方式支配他人的权力。"

(二)正确处理大学与政府之间的法律关系

大学法律地位的确立,实现大学与政府关系的法律化,明确大学与政府各自的权限职责,是高校学生奖惩制度的法制化建设,推进高校学生奖惩制度创新的基本条件。按照我国《教育法》和《高等教育法》的规定,高等学校具有"依法自主办学""按照章程自主管理"的权利,而同时又规定"国务院统一领导和管理全国高等教育事业","省、自治区、直辖市人民政府统筹协调本行政区域内的高等教育事业,管理主要为地方培养人才和国务院授权管理的高等学校"。那么,高校与政府之间究竟是一种什么样的法律关系呢?从新颁布的《普通高等学校学生管理规定》(以下简称《规定》)来看,直接涉及教育行政部门职责的有 14 款,概括起来主要涉及学生身份的认定、调整和改变;业务上的开展,即对地方学校学生管理规定的审查,对属地高校学生管理工作的指导、检查和督促等;其他如学生表彰、学生申诉处理和就业服务等。这些职责也即是教育行政部门的管理权力,而其权力的直接指向就是高等学校,也即教育行政部门的权力就是高等学校应当履行的义务。但高等学校不同于其他事业单位,它作为一种特殊的公共机构,具有培养人才、研究与传播学术的特殊使命,在这方面它应该有一定的自治权,如果管得过死,就会失去高校的学术自由,这有悖于大学的宗旨和精神。

(三)正确处理学校与学生之间的法律关系

从法律上厘清和在管理实践中确定学校与学生之间的关系,是高校学生奖惩制度创新的关键。对高校与学生之间的关系问题,学术界存在各种不同的观点。我们认为,高校与学生之间既是一种隶属型的行政法律关系,又是一种平权型的民事法律关系。我国高校作为公益事业法人,其基本职责是人才教育培养和学术研究与传播。高校为了保证自己的学术研究自由,必须要有一套相对独立的管理保障制度体系;为了促使学生向着符合社会要求的方向发展,必须对学生进行有效的组织与管理,以保证教育活动的顺利展开。因此高校与大学生的关系具有两重性,一方面大学生作为受教育者和被管理者,必须接受学校的教育与管理;另一方面大学生作为国家的公民,享有法律规定的基本权利。所以,二者的关系既是教育者与被教育者、管理者与被管理者的关系,又是平等的民事主体关系。

第八章　信息化思维下高校学生管理创新

第一节　信息化思维下高校学生管理创新基本思路

一、推进高校学生管理创新是形势发展的迫切需要

(一)推进高校学生管理创新是适应高等教育大众化发展的需要

近年来,我国高等教育步入快速发展的轨道,高等教育规模的迅速扩大,学生人数的成倍增长及高校内部改革的逐步深化,尤其是学生生活社区化、弹性学分制的实行和班级概念的淡化,都不同程度、不同方面地影响着学生管理工作,并对高校学生管理工作提出了新的要求与挑战。高校学生管理工作只有积极创新,优化管理资源配置,才能适应大众化发展的要求。

(二)推进高校学生管理创新是加强和改进学生工作的内在需要

学生管理是以对学生的学习、生活、思想、行为等进行科学的教育引导的特殊管理活动。当前,社会生活方式多样化、思想观念多样化、经济成分多样化使学生的价值观念、生活方式都打下了深刻的时代烙印,尤其是互联网的发展和信息的多元化,对学生的学习、生活、思想观念产生了巨大的影响与冲击,而开放的教育背景,学生主体意识、民主法治意识的增强,使学生个性更加张扬,更加关注自我。在这种形势下,学生管理如果仍沿用传统封闭、单一的管理模式,将很难奏效,只有顺应时代潮流,尊重学生的个性与主体意识,以非常规的思维,进行管理理念、管理手段、管理模式的变革与创新,才能发挥其管理育人的价值。推进学生管理创新,既是加强和改进学生管理的内在需要,也是提高高等教育质量的迫切需要。

(三)推进高校学生管理创新是培养创新人才的需要

随着科学技术的不断发展和进步,要想满足社会对人才的需求,必须加大对高校学生的培养力度,培养出综合素质足够高的专业化人才。要想实现这个人才

培养目标，必须加大教育创新和制度改革，不仅要创新教育管理观念，还要创新人才培养模式。在高校教育当中，学生信息化管理工作比较重要，也是培育人的主要方式，学生管理创新是不断培养创新人才的需要，也是高校教育创新的主要内容之一。

二、开拓大学生管理工作的新思路

面对当代大学生中所出现的新特点和存在的新问题，如何做好高校大学生的管理工作，培养出高素质的合格人才，已成为一些教育管理者研究的课题。以往单纯说教式的管理方式已不适应新时期的发展要求，必须调整我们的工作方法，树立新的管理理念，开拓新的工作思路。

（一）注重情感教育

所谓情感教育，就是要求在日常管理工作中，要晓之以理、动之以情，以理服人、以情育人，理中有情、情中有理。第一，应该把学生当“人”管，而不能把学生当“物”来管；第二，在学生教育管理工作中，要以情感为基础，以教育为目的，寓情于教；第三，在教育管理过程中，要以情感为基础，以尊重为前提，因势利导，教育和管理学生，做好转化工作；第四，要以情感为动力，以舆论为导向，不失时机地赞扬、鼓励学生，培养学生高尚的道德情感。

（二）树立人本观念

1.师生之间应树立平等意识

要想促进师生之间的良好交流和沟通，必须采取有效措施，改善师生关系，对于师生关系来说，对应的是平等的关系，是基于人格平等上的合作交流关系。在师生关系建立当中，必须凸显出学生的核心主体地位，教师要起到良好的引导作用，学生才是学习的主人。在具体的教学管理活动开展中，教师要让学生学会自我管理，不要进行过多的干预。

2.要让规章制度充满人情味

制度建设是班级管理中的重要举措，但是制度的制定与实施，应适应不同班级的特点，符合大学生的年龄特征，而不能以检查、纠偏、惩罚为目的。

3. 教师要尊重学生的个性差异

针对素质教育来说，其核心是个性化教育，针对不同的学生来说，是存在一定差异性的，要想从根本上提升教学效率、保证教育成功，就必须尊重学生，采取个性化和专门化的教育方法，针对不同的学生，要采取相应不同的教学方法，通过加强个性化教育，可以为学生创设良好的学习环境和学习氛围，从根本上提升学生的思维创新能力。

4. 教师要树立“学生是发展中的人”的意识

在教育过程中，作为被教育者的一代青年学生，他们身心发展与成人有所不同，从他们的纵向成长和横向变化来看，都还处在不断发展的过程之中，具有极大的发展潜在可能性。他们的发展，除了先天遗传素质外，往往与外界一定的环境、教育条件密切相关，无论生理方面和心理方面都在学习过程中通过遗传、环境、教育的交互作用，逐步趋向成熟。这种成熟时而发展迅速，时而发展缓慢，呈波浪式前进。因此，作为教育者和管理者，就不能用对成人的标准去要求学生，更不能用固化的观点去看待、指责他们，或是听任他们自由发展。相反，应该针对他们身心发展不同阶段的具体特点，加以引导。

5. 培养学生的责任意识

班级管理中的责任意识主要是指道德意识。一方面，要培养学生对一切束缚个性、奴化愚民、等级观念的疾恶如仇的个性；另一方面，又要教育学生存大义去自私，做一个有责任感的人。

（三）树立以学生为本的管理理念和全员参与的大教育管理观

有什么样的教育观念，就有什么样的教育活动。推进学生管理创新，首先要树立切合学生特点，树立“以学生为本”的管理理念和全员参与的大教育管理观，这是学生管理创新的前提和先决条件。现代管理学认为，人是各种资源中最重要的资源，是管理中的首要要素。树立以学生为本的管理理念，就是要求管理者在管理的过程中，把学生看作管理的核心，一切工作以学生为中心展开，把关心学生、尊重学生、激励学生、解放学生、发展学生放在首位，最大限度地满足学生的需要，最充分地调动学生的主动性、积极性、创造性。具体而言，就是要求我们在学生管理的过程中，深入了解学生，认真研究学生的需求，把发展学生的综合素质和创新能力作为学生管理工作的出发点和落脚点。同时，在管理中充分发扬民主，发挥学生的主观能动性，让学生明白学生既是管理的对象，又是管理的主体，提高学生自我管理、自我教育、自我服务的能力。全员参与是指高校学生管理工作主体的全员化。推进学生管理创新，要树立全员参与的大教育管理观，强化学校党政各部门及单位的育人和管理意识，充分调动学校内外各方力量和各方面人员参与学生管理的积极性，建立起以学校学生工作部门与学生工作队伍为主体，校内各部门、教学人员、教辅人员、学生干部、社区管理人员齐抓共管，管理、教育、服务相结合，学校、家庭、社会相配合全方位的学生管理新格局，从而形成管理合力。

（四）运用现代科学技术，构筑学生管理信息平台

随着高校校园网络化、数字化进程的加快和校园网的普及与发展，大学校园正成为我国互联网用户最密集的区域，大学生已成为上网的最大群体之一。作为新的信息传播媒体，互联网已成为大学生们获取知识和各种信息的重要渠道，并对他们的学习、生活、思想观念、行为方式、个体心理产生了深刻的影响，对大学生教育管理带来了一系列革命性的挑战。作为管理者必须学习掌握计算机应用技术，努力探索网络时代学生管理的新方法、新途径，创新学生管理手段，提高学生管理工作的信息化水平、科学化水平，只有这样，学生管理工作才有吸引力。

具体来说，一是要建立学生信息管理数据库。信息是管理活动不可或缺的资源，全面、详细地掌握学生的信息，是做好学管理工作的必备条件。为此，我们从大学新生开学伊始，就要开始收集、整理学生各方面的信息，比如建立新生录取信息数据库，做好学生登记表，学生家庭联系表，困难学生情况表等，同时将学生成绩、获奖情况、组织发展等学生发展的动态信息及时输入，进行加工、处理，制成电子档案，为有的放矢地开展学生管理和教育奠定基础；二是建立学生管理服务平台。如通过学生工作专题网页、微博、博客、QQ 群等形式建立学生管理服务平台，主动占领网络阵地。学生管理服务平台的内容要符合学生的生活、学习、思想需求，各种信息要贴近管理、贴近生活、服务教学。民主、开放、平等、互动的讨论与沟通，受众面广，不受时空限制，可以改变过去以单向型为主“你听我说”的教育管理模式，有利于激发学生的参与热情和主体意识，增强学生管理工作的亲和力。

第二节　信息化思维下高校学生管理创新方法

一、思想理念创新

高校学生管理工作的创新基础和前提是理念创新。理念是高度凝结的集体式智慧，核心是自主创新能力，既强调外在显性理念，还强调潜在的隐性理念。高校学生管理工作的创新，要让学生管理工作人员都能够与时俱进，及时更新个人理念，形成创新高校学生管理事务，提升管理工作效率的新理念。更新高校学生管理创新理念的具体途径有。

(一)领导者要有与时俱进，以人为本的理念

高校的信息化建设是一项需要消耗巨大人力、物力和财力的工程，同样也是牵扯到多个职能部门和一线人员的工程。因此，高校的学生管理信息化项目在实施前必须要经过一个科学合理的规划，同样也需要高校领导者对信息化的趋势有一个清醒的认识，对时代的浪潮有正确的眼光，能够紧跟时代的步伐，大局观念强，能够花大力气对高校信息化建设的规划和部署进行严格把关。领导要能主动自觉地学习先进的信息化理论的观念，能做到从自身做起，统揽全局，高瞻远瞩，全盘规划。同时，还应该在充分调研论证的基础上制定出适合自己学校的信息化建设方案和长远目标。

现在许多高校提出了建立专门的校级信息化管理机构，为了能使信息化发展能统筹规划、集中建设，也为了让大家对学校办学目标、策略能够有个透彻的理解，很多高校在信息化建设过程中还设立了全程负责校园信息化建设的信息主管(CIO)。这些事例都反映了信息化建设的成功需要加强领导者的理念建设，信息化建设需要具有先进理念的领导者。最后，领导干部需要有以人为本的理念，必须从源头上重视高校学生信息化的服务宗旨，同时可以使用目标管理和过程激励的方法，保证全员参与信息化建设中来。在开展信息化建设时应加强系统动力学理论的应用，运用项目管理思维进行建设管理，主旨是将学生管理信息化的过程当作一个具体项目来运作。从管理系统的整体出发决定信息管理资源的配置和平衡，有利于现有的学生工作管理能力下的整体最优化，能够进一步提高学生管

理工作的效率，对高校学生管理工作有较强的指导意义。

（二）管理人员应着重培养服务的意识

校园的信息化系统是为高校所有人服务的，同样高校管理人员也是校园信息化系统使用的重要主体，而采用网上办公高校教师参与是信息化建设的一个重要手段。高校管理人员应该加强自身服务意识的培养，在使用信息化办公系统时能够从服务的层面提出相应的意见和建议，以加强对信息化系统的进一步改善。所以，高校应该在信息化建设的同时加强对学生管理工作人员的教育和培训，引导他们积极养成自觉利用信息化平台的理念。而管理人员本身则要在观念上对信息化的理解要加强，在理念上要跟上学校和社会信息化的步伐。高校要通过培养管理人员的信息化意识，使其能够轻松使用信息化系统基础上实现成本的节约和效率的提高。

（三）学生要充分理解信息化带来的便利，积极使用信息化系统

现代化的信息手段的应用不但使学生的学习效率有了大幅的提升，而且使学生的在学习和生活上有了更大的自主性和灵活性。当前很多高校都实行了校园一卡通，像银行卡一样大小的信息卡片集成了学生证、门禁卡、饭卡、借书卡等一系列与学生密切相关的信息，给学生提供了极大的便利。同样，大量信息终端的设立也使学生传统的学习生活中融入了大量的信息化内容，虽然在某种程度上对学生信息化素养的要求有所提升，但是其所带来的优势则不言而喻。在现实生活中，学生乐于接受新事物的特性也让学生更加热衷于信息化产品的使用，但是由于高校学生自身的心理和性格特征，高校还是要在加强学生信息化素养的培养、信息化资源开发和使用上给予必要的引导，使他们都能对不良的上网习惯和网上诱惑提升免疫力，保证信息化能够成为学生学习和生活的重要工具。

（四）技术人员在加强服务意识的同时也要树立合作的意识

高校信息技术人员在高校信息化的建设和维护中发挥着主导作用，因此高校应该确保管理和维护专业技术人员能紧跟科技发展的步伐。由于专业的原因，很多高校信息技术人员工作的出发点往往只停留在技术层面，很难对各部门实际的需求有一个很好的把握。因此，高校信息化技术人员应该与一般技术人员不同，

高校要努力培养他们的服务意识。前期调研时，要通过对学生、行政管理人员和其他管理人员的交流，了解不同人员的信息化需求。在信息化产品使用过程中，信息化技术人员也要对产品有一个清晰的把握，以求根据学校的实际情况，加强信息化产品的创新性和务实性，从技术层面和实际应用的需要对信息化进行相应综合的设计和建设。切实树立信息化建设是“三分重建设，七分重管理和维护”的理念。

在高校学生信息化管理当中，还要严格遵循“以人为本”原则，要做好关爱学生和保护学生，促进学生的个性发展，从根本上提升学生的独立思考能力，加大对学生全面发展及学习需求的关注度，旨在促进学生健康成长和高校学习。

信息技术提供的自动化功能和通信功能，有助于构建各类管理应用系统，提高管理的效率；信息技术强大的通信和交互功能，有助于畅通与学生沟通的渠道；借助信息技术构建各类应用平台，开展管理机制创新和应用，可以不断提升学生管理和服务水平，让网络成为传承人类道德普遍价值的新手段。高校要重视网络平台的建设，开展以人类道德普遍价值教育为主题的网上论坛、网上交流、网上辩论赛、网上教学等活动，在校园博客、论坛中将人类道德普遍价值贯穿于新闻的报道，通过大家的相互交流、对话和积极渗透，倡导积极、健康、文明、进步的价值观，不断改进和提升网络平台，强化民族精神，增强网络的宣传力和影响力。

二、组织结构创新

(一)建立高效的学生管理信息化组织结构

高校信息化建设中成立信息化工作领导小组或者委员会，设置信息主管(CIO)职位，并在校一把手的直接领导下具体负责校园信息化建设的体制是目前高校信息化建设所推崇的。在具体实施中，学校信息政策、标准由CIO负责制定并对全校信息资源进行管理、协调校内各个职能部门和行政管理人员，从管理的层面有意识地选择和使用信息技术，通过对筛选后的信息资源进行进一步筛选和挖掘以实现对数据的有效利用。CIO结构的信息化组织体制，在促进高校学生管理体制的变革和学校专业结构的调整与重组、提升高校的管理决策水平层面发挥着积极的作用。其次，在调整信息化组织结构的同时，还要对学校信息化领导小组的组织体制进一步完善。在浙江省高校进行信息化的建设进程中，信息化领导小组作为全校信息化建设的授权委托机构，有着管理和规划各职能部门的行政管理人员及各院系的师生的作用，信息化办公室作为信息化领导小组的实际职能部门同样既是信息化校园的用户和服务对象，也是信息化校园的服务提供者，并代表各自所属实体维持整个校园信息系统的运作。

（二）优化学生管理体制

1. 目前高校学生工作组织结构的主要结构

（1）直线型层级结构

目前，我国众多高校的学生工作组织结构主要是校与院（系）两级管理和条块结合的运行机制的直线型层级结构体制。直线型层级结构依靠迅速决策，灵活的指挥，让决策层能够快速控制相关的职能部门和院（系），进而整合校内各种资源，推进学校全局工作的开展。这些优势让直线型层级结构体制仍然广泛应用于高校学生管理中。

（2）横向职能型结构

以一级管理体制和条状运行机制为特点的横向职能型结构管理模式目前仅在国内的少数高校实行，它们最初也是借鉴或参考美国等西方高校学生事务管理模式建立的。由于其只在学校一级层面进行学生工作管理机构的设置和权限分配，然后再根据分工由各个职能科室直接面向学生和学院社团组织开展工作，学生管理工作由学校直接面对学生开展和多头并进条状运行是其最大特点。

2. 网上业务协同矩阵管理结构是信息化背景下学生工作的有效组织形式

（1）学校的信息化平台

应统筹学生处、教务处、就业指导中心、图书馆、校园卡管理中心、财务处和宿舍管理中心、心理咨询中心等与学生学习和生活密切联系的部门，合理规划平台的功能模块，并以统一的学生基本信息数据为基础建成学生电子档案库，将学生在校期间的学习、生活、获奖及获资助、违纪处分等各种基本信息包含在内。在实现功能发挥的同时，能综合反映学生在校期间的表现，体现学生在学习、奖惩和获得资助方面的真实情况，最终实现对学生综合素质的客观评价。统一的学生基本信息数据是实现平台数据统计的核心要素。

因此，要确保学生电子档案库中学生基本信息的统一。基本信息应包括学生的姓名、性别、出生年月、生源地、学习经历等一些固定不变的内容，也包括在校期间的家庭基本情况和家庭成员信息等可能发生变化的信息，还应包括学生奖学金及助学金的获得情况和实习、培训等需提交后由院系、学生处审核通过的信息。而数据的更新可根据学校的特殊情况，由学生在特定时间修改，相关部门进行审核。另外，该平台要通过其他设置附加一些功能以达到全面记录学生情况的要求，如一卡通消费情况、图书借阅情况和宿舍进出情况等，以便于进行调查统计分析。

（2）平台应具有数据收集和数据分析的功能

该平台的数据来源应直接、客观，适合用于调查统计分析。通过对相关数据进行统计分析，可以对学生在校期间的学习和生活等情况进行综合客观的评价。例如，将从校园卡管理中心中调取的学生消费信息与学生资助管理中心调取的贫困学生统计信息进行对比，可以帮助学校对贫困学生的情况核实与监督，对补助发放进行相应调整；将从图书馆调取学生的借阅记录、进出记录与从教务处调取的学生成绩进行相关对比，对促进学生加强课外阅读和学术研究做出有效分析；对学生的就业信息进行统计，然后与学生在校期间的情况进行对比分析，为如何提高学生综合素质和就业能力提出相对客观的建议。同时通过对部门之间相关数据进行交叉对比，了解学校在教学管理、其他学生事务管理过程中存在的问题，进而对学生工作和教学管理提出建设性的意见。

（3）关注平台的权限分配

权限分配可以采取给予角色分配权限的模式，对不同部门的工作人员根据职务和工作内容分配不同级别、不同内容的操作权限，以达到对每个操作环节的细化，提高系统的安全操作。该学生管理系统应支持学生事务管理部门的工作人员、班级辅导员和学生本人使用，同时也可为其他部门人员设置相应的查阅权限，以便于了解学生的学习和生活情况。同样，只有拥有用户管理权限的辅导员、学生处、教务处、财务处、团委等才有权对其相关信息进行修改。

三、管理手段创新

（一）适应发展需求，革新管理方式

信息技术的快速发展，必然要求对原有的管理方式进行创新，要适应学生管理信息化的需求，对学生管理的方式进行新的转变。在学生管理信息化项目实施

前，高校应设置信息化工作领导小组，兼顾目标管理、过程激励型、项目管理及系统动力理论，运用项目管理系统的观点、方法和理论，对项目涉及的全部工作进行有效地管理，以成功地达到预期工作的目标。信息化项目随着管理的需要而提出，必然在流程上、结构上体现管理的思路与方法，不同的管理体制需要不同的软件产品来适应。因此，在高校学生管理信息化项目的推进过程中，必然需要了解原有的管理方式，需要找出现行学生管理方式与软件产品的最佳结合点。其次，在后期的学生管理信息化过程中，高校学生管理一线人员要从封闭的局域性管理向开放式的网络化管理转变，由手工的定性单项管理向网络化的定量综合科学管理转变，高校学生管理一线工作人员应努力使用现代信息技术，大胆探索学生管理的新方式和新途径。

（二）抓好队伍建设，增强人员素质

万事“人”为先，人是任何管理工作中最关键的因素，管理成效很大程度上取决于人的素质。在信息化条件下，高校建立一支高质量的信息化学生管理工作人员队伍，是加强学生管理，完成人才培养任务的根本保证。高校学生管理工作者的队伍应该由专兼结合、多层次的人员组成。这支队伍不仅应当具有较深厚的学生管理理论水平，而且又具有强烈的政治使命感和责任感，不仅应当具有实际的高校学生管理工作经验，而且又具有较熟练使用网络技术和软件开发技术的能力与水平；还要具有新形势下学生管理工作的开拓和创新精神。其次，要建立一套与人才培养相适应的日臻完善的学生工作管理体制，理顺关系，分清职责，加强学校学生管理部门宏观管理和决策功能，充分发挥学生管理人员的主观能动性。再次，要建立培训机制，根据队伍人员的素质、层次特点，实行交叉融合培训，让具有丰富学生管理信息化经验的专门人才培训辅导一些新的学生管理工作一线人员，同样，要加强信息化理论的培训，让有着扎实计算机网络、软件基础的应用人才培训辅导信息化产品的使用，使高校学生管理者能提升其在学生管理与信息化管理优化组合的能力及网上操作的能力，确保高校学生管理信息化建设的深入进行。

（三）依托信息化平台，提升学生管理精细化程度

学生管理工作精细化，是指学生工作不仅要做好，更要做精、做细，精则精益求精，高标准，严要求，一丝不苟；细则细致入微，春风化雨，润物无声。要积极推

进信息化技术在高校学生工作精细化管理中的应用，在推进学生管理工作整体高水平高质量同时也要使用信息化技术追求学生个体个性发展，促进学生的全面成才。信息化背景下学生工作精细化的工作出发点是以学生为根本，因此，在具体工作开展中应使用信息化手段注重个体指导，有效提高教育效果。但同时，学生工作精细化又是一种形式，一种目标和态度，学生工作精细化就像是农业生产的精耕细作一样，只不过我们对象换成了学生，手段也加入信息化技术。要达到精细化的学生工作就要充分利用信息化平台，做好学生教育工作的精细化、学生管理工作的精细化和学生服务工作的精细化。

（四）加强管理，完善信息化保护体系

信息系统安全等级保护是信息化保护系统的重要组成之一，对照公安部发布的《信息系统安全等级保护基本要求》，信息系统安全等级保护可以定义为："信息系统根据其在国家安全、经济建设、社会生活中的重要程度，遭到破坏后对国家安全、社会秩序、公共利益及其他组织、法人、公民的合法权益的危害程度等，由低到高划分等级，实施相应的保护措施。"

高校学生管理信息化作为学生管理工作中的一项重要工程，其设置信息系统安全等级保护就显得尤为重要。在具体实践过程中高校应该充分考虑网络信息安全问题，按需购买硬件设备及网络防火墙、入侵检查系统等设备。其次，在各信息系统的使用过程中应该设置严格的等级权限，给各个职能部门分配各系统的账号同样应该适合该部门的职能和权限要求，没有必要就不应该出现交叉重叠的权限，同时应该提醒各具有管理员权限的工作人员注意保护好账号的安全，以防泄露。最后，应该制定规章制度保护信息的安全，对于因学校内部人员疏忽或者恶意入侵学校信息系统的人员应该予以严厉的处罚，同样，对于私自盗用系统帐户的学生也应该加大惩罚的力度，以确保在主观意识上对学生信息化管理的安全保护。

四、技术支持体系创新

（一）加大硬件方面的投入是实现学生管理工作信息化的必要条件

计算机、网络的配置是学生管理工作信息化建设的硬件基础，要想真正实现

学生管理工作信息化，学校必须加大投入力度，完善信息系统基础设施建设。高校学生管理信息化要切实贯彻《国家中长期科学和技术发展规划纲要（2006—2020年）》的同时也要落实好《国家“十二五”科学和技术发展规划》，根据国家科技计划管理改革的总体精神，在信息技术领域按照“使以网络为基础、以计算为核心、以应用为导向、以安全为保障”的指导思想，关注信息产业发展的方向，寻求信息化的核心技术，努力在信息技术前沿领域寻求基础性的突破。高校学生管理信息化也要求能够创新应用模式，积极加强新信息技术应用与尝试，试图以已建成的校园网为骨干，依托网络技术和各种信息化系统，重视信息化的实用性功能，整合自动办公系统、无线电信资源，借助网络以数据流的形式在各个角色之间流转与共享。一方面，应加大基础设施建设力度，这既要靠高校自身的资金投入，另一方面也要靠引入市场机制，通过与信息化企业（如中国联通、中国移动）的合作，全方位提升学生管理信息化水平。

（二）以数字校园智慧校园为基础进一步推动学生管理信息化建设

尼葛洛庞帝是美国麻省理工学院的教授及媒体实验室的创办人，他的《数字化生存》一书深入浅出地讲解了信息技术的基本概念、趋势和应用、巨大的价值和数字时代的宏伟蓝图。在高校，数字化把高校的管理和教学带入一个全新的网络信息化时代，也给高校的学生工作带来了极大的便利。同样，近年来，随着信息技术，特别是信息高速公路的发展，世界各国都已大踏步地迈入网络化、信息化的大门，信息技术的发展和应用，极大地改变了人们的生活方式，也给各行各业带来了深刻的变革。与此同时，信息化的发展开启了智能化的时代。

（三）使用物联网及LBS技术创新学生管理工作

保障高校学生安全是目前高校工作的重点，创建平安校园也是目前高校的一项重要任务。但是如何能够在最大限度地为学生提供服务的高校的日常管理中做到学生在校生活的安全，这是目前各高校迫切需要解决的问题。目前，物联网的应用在高校日渐增多，物联网能够借助无线数据通信等技术完成对信息的收集，同时还能对搜集的数据进行进一步处理并发送给用户。在学生日常安全管理工作中，如果能够把相关感应器和识别设备置放在像教室、食堂、图书馆、寝室等学生活动的相关区域，那么一旦学生进入或者离开，手机就会发出相应信息提示或者警告，同样，如果在寝室里安装感应识别系统，那么晚上学生进出寝室就可以通过自己的一卡通实现楼层、寝室门的开关工作，极大地便利了学生的日常生活。通过“物联网”，学生管理者可以通过随时掌握学生的准确位置和其他情况起到预防不安全事故的发生的作用。学校也可以把 RFID 读取器架设在教室、寝室门口、大楼入口处、走廊、图书馆和顶楼等地点，同时在每个学生的手机或者饭卡中安装 RFID 标签。这样当学生离开寝室时，学生手机就会通过 RFID 读取器会提示今天上课要带哪些书，有哪些活动需要参与。其次，物联网还能给学生的日常学习和生活提供便捷，如当学生到图书馆借书时，通过 RFID 读取器，图书馆的门禁系统也会自动打开，这样不但加强了图书馆的安全，也同样给学生借书提供了方便。而基于位置服务（LBS）是目前刚刚兴起的一项技术，据调查显示，所有受调查的学生都至少拥有一部手机，而且 80.3%的学生所使用的手机为智能操作系统，这给 LBS 的应用奠定了极大的物质基础。LBS 完全可以应用于学生日常的学习和生活，如果说物联网是被动地管理学生，那 LBS 完全可以为学生管理工作的主动性提供便利。

五、绩效评价体系创新

（一）战略地位评价指标

高校信息化的战略地位决定了信息化工作在学校工作中所处的地位，是高校信息化成功的前提，只有确定了高校信息化的战略地位，对信息化予以重视，才能保证信息化工作的资金来源，让高校信息化能够顺利进行。在信息化战略层面，一般认为信息化年度运营维护投资、信息化年度资金投入占学校总投入的比例、信息化投入经费增长率等三项指标能够反映和评价信息化的战略地位。信息化年度运营维护投资是学校对信息化的投入力度的反映，要想信息化取得成功，就必须有明确的信息化规划和充足的预算资金。学校对信息化的实际投入情况则选用了信息化年度资金投入占学校总投入的比例和经费增长率，从静态层面和动态层面进行考察，学生管理信息化年度投入则包括硬件基础设施建设、管理信息系统开发与应用、人员培训等诸多与信息化建设相关方面的资金投入总额。

（二）基础设施评价指标

信息化基础设施是反映高校信息化水平的一个重要指标，也为信息资源的开发与应用提供了直接的平台。其主要包括个人电脑拥有率、校园网出口带宽、校园网覆盖率及学生管理信息系统的普及率。校园网出口带宽是信息传输、交换和资源共享的必要手段，也是反映学校通过网络与外界交换信息资源的快慢的重要指标，其包括网络设备的规格、性能等内容，是基础设施的重要组成部分，校园网出口带宽指标可以随着网络技术的不断发展而调整其评估标准。个人电脑拥有率则可以简单地理解为在校师生计算机的拥有率。校园网覆盖率则表明学校内部网络的建设、推广情况。学生管理信息系统的普及率则主要是指各职能部门的业务情况与其信息化信息的使用比例。

（三）应用状况评价指标

基于网络及信息化的综合办公系统如财务、教务、学生管理、毕业离校及招生与就业等各种管理信息系统的应用情况评价是高校学生管理信息化的重点，高校通过这些系统的应用能够集中体现高校信息化建设的成果和效益，也能极大地方便学校的教学、科研及行政等各方面的工作。本书选用了其中最主要的各系统学生注册数、学生每日访问校内各信息系统的次数、学校主页平均每日访问次数、高校师生使用相关管理信息系统次数等指标来对应用状况进行综合评价。一般来说，高校使用的系统是有一定要求的，首先是必须使用经教育部指定或是相关认证的系统，其次对于已经通过教育主管部门的认证管理系统，学校可以根据使用的实际情况再进行二次开发，毕竟只有符合学校实际情况的系统才能更好地为学校服务。

（四）信息资源评价指标

学生管理信息资源是高校信息化的重要内容，信息资源的开发与利用也是高校学生管理信息化的核心步骤。对高校学生管理信息化而言，如果把高校学生管理信息化的各个层面进行对比，那么校园物理网络就可以比作是公路，各式各样的管理信息系统就可以比作车，而货物就是各种信息资源了。高校学生管理信息化是一项系统化的工作，高校学生管理信息化的目的不只是建设物理网络，也不仅仅是应用各种管理信息系统，只有将各种学生、教务等信息资源都收集整理成库，并让所有师生在可允许范围内共享才是高校学生管理信息化的目标。本书选取了学生信息的数量，各职能部门的信息数量两个层面进行评价，意在从学生和教师层面的所需信息资源入手，对高校学生管理的信息资源进行客观的评价。

(五)人力资源评价指标

人力资源通俗讲就是一种以人为载体的资源。人力资源是一切工作的基础,在高校信息化过程中,确保以人为本的理念能够充分得到支持也是高校信息化成功的重要保障,这就要求高校把人才当作信息化取得成功的根本。对于人力资源评价指标,一般可以用一年内参加高校组织的信息化培训的人次、高校信息化建设部门规模(人数)和给学校提供技术支持和运行维护队伍规模(人数)这三个指标来具体衡量。信息化培训的人次是学校对学生和教职员工信息素养的培训情况的具体反映。高校信息化建设部门规模则是参与信息化建设的力量体现。给学校提供技术支持和运行维护队伍规模则在很大程度上反映了高校学生管理信息化的后勤保障机制是否健全。

(六)组织机构和管理评价指标

高校信息化组织机构和管理评价是高校学生管理信息化工作的组织、管理水平主要评定依据。在实际生活中,针对组织机构和管理的评价主要是从在信息化建设中应用教育部的行业标准程度和执行明确的信息化安全相关规范程度两个方面来考虑的。为了让战略地位和组织地位相辅相成,可以通过机构设置来考察信息化主管部门的职能及实际的执行情况。信息管理、网络管理和安全管理等方面措施的制定及实施情况则共同组成了规章制度层面的考察,他们是保障高校信息化有效运转的基础。高校是各种网络信息人才高度密集的地方,也是各种网络安全事故的高发地,为了充分考虑网络安全问题的响应和解决,高校必须建立完善的网络信息系统安全的响应机制和解决机制。

参考文献

[1]刘欢.高校学生教育管理研究[M].长春:吉林大学出版社,2019.

[2]张丽云.高校学生教育与管理工作创新研究[M].长春:吉林文史出版社,2019.

[3]沈永真.高等教育与高校大学生教育管理建设研究[M].北京:中国纺织出版社有限公司,2019.

[4]穆牧.高校学生管理与思政教育融合探索[M].北京:北京工业大学出版社,2019.

[5]丁兵.当代高校教育管理研究[M].西安:西北工业大学出版社,2019.

[6]杨大鹏,马亚格,罗茗.高校学生工作管理创新研究[M].北京:北京理工大学出版社,2019.

[7]邵刚."互联网+"时代背景下学生教育管理与实践[M].长春:吉林大学出版社,2018.

[8]张俊峰,邓璘.职业教育与学生管理[M].长春:吉林文史出版社,2018.

[9]宋洁,刘昀,董爱卉.教育管理与学生心理健康[M].北京:北京工业大学出版社,2018.

[10]鲁建顺.学生行为教育与安全管理[M].南京:江苏凤凰美术出版社,2018.

[11]吴能武,张惠虹.高校学生学籍管理案例解析[M].上海:上海教育出版社,2019.

[12]杨鑫悦.网络时代高校心理健康教育的探索与实现[M].沈阳:辽宁大学出版社,2019.

[13]王东,陈先.新时期高校思想政治教育理论与实践[M].北京:九州出版社,2019.

[14]艾楚君,张祎.大学生安全教育教程[M].北京:北京理工大学出版社,2019.

[15]祁明,江鸿波.高校内涵建设背景下的学生思想政治教育发展[M].上海:同济大学出版社,2019.

[16]陈雪玲,魏寅.管理案例丛书 高校管理案例与启示 第3辑[M].武汉:华中师范大学出版社,2019.